Wir danken für die Unterstützung:

KANTON AARGAU Regierungsrat des Kantons Aargau

prohelvetia Pro Helvetia

NEUE AARGAUER BANK Kulturstiftung der Neuen Aargauer Bank

Josef + Margrit Killer-Schmidli-Stiftung

UBS Kulturstiftung

Gemeinde Ennetbaden

Stadtcasino Baden AG

Dieses Buch ist nach den neuen Rechtschreibregeln verfasst. Quellenzitate werden jedoch in originaler Schreibweise wiedergegeben. Hinzufügungen sind in [eckige Klammern] eingeschlossen, Auslassungen mit [...] gekennzeichnet.

Lektorat: Sandra Monti, hier + jetzt
Gestaltung und Satz: Christine Hirzel, hier + jetzt
Bildverarbeitung: Humm dtp, Matzingen

2008 hier + jetzt, Verlag für Kultur und Geschichte GmbH, Baden
www.hierundjetzt.ch
ISBN 978-3-03919-079-9

SPITZKEHREN UND ANDERE KUNSTSTÜCKE

Das Leben von Edith Oppenheim-Jonas
Erfinderin von Papa Moll

Herausgegeben von Joan Fuchs-Oppenheim und Roy Oppenheim

Mit Beiträgen von Hannes Schmid, Niccel Steinberger, Waltraut Bellwald, Luzia Stettler, Urs Hangartner, Klaus Streif, Carol Nater, Uli Däster

2008   hier + jetzt, Verlag für Kultur und Geschichte, Baden

Inhalt

Uli Däster
Carol Nater
Klaus Streif
Urs Hangartner
Luzia Stettler
Waltraut Bellwald
Niccel Steinberger
Hannes Schmid

Vorwort

Während mehr als eines halben Jahrhunderts war Edith Oppenheim-Jonas der Öffentlichkeit unter dem Kürzel «Ejo» und als Schöpferin der Erfolgsgeschichte «Papa Moll» bekannt. Dennoch: Wer wusste schon genau, wer diese vitale, vielseitige und stets optimistische Persönlichkeit wirklich war? Die Sichtung des Nachlasses nach dem Tod der Künstlerin im Jahr 2001 hat Seiten von ihr zutage gefördert, welche nach einer besonderen Würdigung riefen. Der 100. Geburtstag am 11.11.2007 brachte die willkommene Gelegenheit, ihre verschiedenen künstlerischen, aber auch gesellschaftlichen Aktivitäten aufzuarbeiten und zu dokumentieren.

Am Anfang steht die Biografie, in diesem Buch von Hannes Schmid vortrefflich dargestellt. Sie spiegelt auf ganz besondere Weise das dramatische, von Tragödien, aber auch von grossen Leistungen bestimmte 20. Jahrhundert. Es war für Edith Oppenheim-Jonas eine Erkenntnis, dass es ein Geschenk ist, ein Leben in Frieden zu leben. Sie machte aber auch die Erfahrung, dass Glück und Unglück, Freud und Leid äusserst nahe beieinanderliegen. Denn diese Frau war wohl Optimistin, glaubte an die Machbarkeit des Guten, und dennoch sah sie stets auch die unbegreiflichen Schicksalsschläge, die tragischen und oft auch unverständlichen Seiten des Lebens. Unvergesslich bleiben die vielen kleinen Gesten, die sie den Mitmenschen gegenüber erbrachte. Jedermann und jedefrau, ob jung oder alt, fühlte sich in ihrer Gegenwart sofort geborgen. Ihre freundliche Ausstrahlung, ihr Humor, ihre Humanität waren stets und überall spürbar.

In ihrer Lebensgeschichte eingebettet ist natürlich diese eminente künstlerische Begabung, und es war für sie gewiss nicht immer leicht, ihr Talent auch gegen Widerstände durchzusetzen.Edith hat nie mit Puppen gespielt, sondern wünschte sich zu Festtagen und zum Geburtstag stets Farbstifte und Papier. Und das war damals recht häufig Packpapier. So wurde immer und überall gezeichnet und gemalt. Und diese Fingerübungen hat Edith bis in die letzten Monate ihres Lebens beibehalten. Ihr Talent wusste Edith Oppenheim-Jonas mannigfaltig umzusetzen und auch in alle aus der alltäglichen Notwendigkeit hervorgehenden Verpflichtungen und Aktivitäten einfliessen zu lassen. Dies führte zu einem aktiven gesellschaftlichen wie auch pionierhaften sportlichen Engagement, zu einem ausgesprochenen Gerechtigkeitssinn, zu einem Kampf für das Schöne und Gute (bis hin zum Humorvollen) als Gegenkraft zu Zerstörung und Vernichtung. Der Kampf für die Besserstellung der Frau lag ihr schon früh am Herzen, und sie genoss die vielen Kontakte und Freundschaften, die sich daraus bildeten.

Edith Oppenheim-Jonas hat ihre Blätter, Zeichnungen, Karikaturen, Aquarelle und Gemälde unterschiedlich signiert: In jungen Jahren stand EJ in der Bildecke. Später – nach ihrer Heirat – wurde daraus Ejo, Toppi, Oppi, Popi, Edith Oppenheim-Jonas oder auch wieder wie in jungen Jahren der Mädchenname Edith Jonas. Begreiflicherweise fragt sich der Betrachter, ob hinter diesen unterschiedlichen Signaturen eine besondere Symbolik oder geheime Botschaft steckt. Sicherlich hatten Zeitgeist und gesellschaftspolitisches Umfeld Einfluss auf die Wahl der Signatur. Während der nationalsozialistischen Epoche zwischen 1933 und 1945 wählte Edith Oppenheim-Jonas vorzugsweise ein Pseudonym (Toppi). Später mag auch eine spielerische Freude am Wechsel der eigenen Identität, oft auch ihre künstlerische Geistesverwandtschaft mit Bruder Walter Jonas eine Rolle gespielt haben. Oft aber war ein grafisches Kriterium ausschlaggebend: Der Doppelname «Edith Oppenheim-Jonas» war einfach zu lang und störte den Bildinhalt.

Die Recherchen zu diesem Buch haben neues, unveröffentlichtes Material ans Licht gebracht. Es ist das Verdienst der Autoren und Autorinnen, die verschiedenen Facetten aus Leben und Werk von Edith Oppenheim-Jonas auf eingängige Art und Weise beleuchtet zu haben. Die Herausgeber Joan Fuchs-Oppenheim und Roy Oppenheim danken den Autorinnen und Autoren Waltraut Bellwald, Uli Däster, Urs Hangartner, Carol Nater, Hannes Schmid, Niccel Steinberger, Luzia Stettler, Klaus Streif für die fundierten Beiträge. Zu grossem Dank sind wir dem Verlag hier + jetzt, namentlich Bruno Meier, verpflichtet. Er hat das Projekt von allem Anfang an tatkräftig unterstützt und die Suche nach Geldgebern erfolgreich betrieben. Als Grafikerin hat Christine Hirzel dem Buch eine moderne Form verpasst und die Bild- und Textebene geschickt vernetzt. Die Lektorin, Sandra Monti, hat den Text mit Akribie redigiert. Gedankt sei denn auch den Geldgebern.

Das vorliegende Buch ist im Rahmen einer ganzen Veranstaltungsreihe entstanden, deren Träger ihrerseits die Buchproduktion ideell und materiell unterstützt haben: Das Historische Museum Baden mit seiner Ausstellung «Frau Papa Moll. Leben und Werk von Edith Oppenheim-Jonas», realisiert von Carol Nater und Barbara Welter, der artroom Lengnau unter Leitung von Rachela Oppenheim-Frenkiel mit seinen zwei Ausstellungen zum Früh- und Spätwerk sowie die Ausstellung «Vom Comic zur Bildgeschichte» im Müllerhaus Lenzburg.

Anlässlich ihres 90. Geburtstags sagte Edith Oppenheim-Jonas in einem Interview: «Je älter ich werde, desto mehr beschäftigen mich die Wunder und Geheimnisse der Natur, der Wechsel der Jahreszeiten, dieses geheimnisvolle Zusammenspiel, das immer wieder neues Leben hervorbringt.» Ihr letzter bewundernder Blick galt am Morgen des 22. März 2001 den von Föhn in gleissendes Licht gehüllten Bergen der Zentralschweiz, die sie noch wenige Stunden zuvor im Bild festgehalten hatte. Dann versagte ihr Herz. In ihren sensiblen Aquarellen, seien es herbstliche oder winterliche Nebel- und Schneebilder, seien es die Bilder von spielenden Kätzchen oder Zirkusclowns, seien es die vortrefflichen Porträts, hat die Künstlerin Edith Oppenheim-Jonas die Vergänglichkeit, aber auch die geheimnisvolle Schönheit unseres Seins thematisiert. Ihre vielseitige und charismatische Persönlichkeit ist eingeflossen in ihr Schaffen, wie es in diesem Buch erstmals in seiner Vielfalt aufgezeigt und interpretiert wird. Damit ist ein Zeugnis, ein Dokument geschaffen worden, welches auch kommenden Generationen den Zugang zu einem Werk und einer Künstlerin ermöglicht, das in einigen Bereichen unsere Zeit überleben dürfte.

Joan Fuchs-Oppenheim
Roy Oppenheim

Ein Leben voller Lust und Kreativität

Hannes Schmid

Den Humor im Herzen

Ein offenes Elternhaus mit einer fürsorglichen Mutter und einem künstlerisch hochbegabten Vater, das sind zwei der wichtigsten Mosaiksteinchen, die das Lebensbild einer vielseitigen, humorvollen, couragierten und auch kämpferischen Frau prägen. Humor, das muss so etwas wie ihre Lebensphilosophie gewesen sein; Humor, das Lachen, hat ihr den Zugang zu den Menschen ermöglicht. Mit ihrer übermächtigen Fantasie, mit der steten Lust am Fabulieren, Malen und Illustrieren, hat Edith Oppenheim-Jonas sich auch als Künstlerin durchgesetzt. Wann immer diese Frau – oder schon das Kind – einen Zeichenstift in die Hand nahm, sie tat es mit fast schon akribischer Leidenschaft. Davon erzählen ihre vielseitigen, reichhaltigen, künstlerischen Aktivitäten, zu denen die millionenfach verbreiteten Papa-Moll-Geschichten gehören, wie auch die zahlreichen Bilder, die heute zum Teil in öffentlichem oder privatem Besitz sind. In Erinnerung sind aber auch ihre humorvollen Karikaturen und Illustrationen aus dem «Nebelspalter» und aus anderen Zeitungen und Zeitschriften. Ihr künstlerisches Schaffen bündelt sich auf einer farbenfrohen Palette voller Fantasie und Kreativität. Edith Oppenheim-Jonas verstarb 93-jährig am 22. März 2001.

Was diese Künstlerin, mit dem Kürzel «Ejo», während Jahrzehnten an Ideen und Projekten umgesetzt hat, ist heute noch ersichtlich und erfahrbar in Bildern, in Comic-Büchern und in unvergesslichen Illustrationen. Es sind dies Dokumente einer Zeitepoche, einer Gesellschaft, deren Wandel Edith Oppenheim-Jonas bis ins hohe Alter von 93 Jahren mitverfolgte und mitprägte. Einzigartig ihre Fähigkeit, hinter den Dingen stets das Heitere zu sehen, das auch gelegentlich aufkommenden Problemen die Schwere nahm. Sie war Künstlerin, Mutter und eine leidenschaftliche Kämpferin für die Sache der Frau. Sie hätte mit ihrer intensiven Lebensform durchaus auch Coach einer Ski- oder Tennismannschaft werden können! Kunst und Sport schlossen sich bei ihr keineswegs aus. Und manchmal, wenn doch einmal der Nebel des Unguten über dem Alltag hing, streute sie ihre «molligen» Zuckerwatten-Weisheiten aus und propagierte den Humor als Rezept aller Dinge: «Humor ist, wenn man trotzdem lacht», war eines ihrer

1 Als leidenschaftlicher Skifahrerin mangelte es ihr nicht an Pistenerlebnissen.

2 Edith Oppenheim-Jonas in ihrem Atelier, 1978.

viel geäusserten Bonmots. Was allerdings ihren eigenen Wertvorstellungen widersprach, was sie mit ihrem künstlerischen, aber auch politischen und gesellschaftlichen Denken ablehnte, das tat sie offen, ehrlich, wenn auch nicht immer mit diplomatischer Feder. So war diese interessante Frau nicht immer leicht zu fassen, nicht, wenn es um Dinge ging, die sie als unrecht oder als «gruusig», «blöd» oder «dumm» empfand, Ausdrücke, die sie oft verwendete oder etwa als Kommentar neben eine Zeitungsspalte setzte. Sie war eine Persönlichkeit, die sich recht hartnäckig an die alten, fest gefügten Vorstellungen von Rechten und Pflichten hielt. Vor allem im Alter, wo alles ein bisschen schwerer wurde, wo die Kinder ihre eigenen Wege gingen, da war es manchmal nicht einfach, die eigene oder die im Alter schon etwas festgefahrene Denkhaltung zu ändern. Es gab auch bei ihr diese strenge Trennung von Innen und Aussen, von Realität und Traum, von hausorientierter Arbeits- und Mutterpflicht und von künstlerischer und gesellschaftlicher Aktivität. So war ihre

ideologische Verklärung des Mutterdaseins ohne Zweifel eine Rückbesinnung auf ihre eigenen, glücklichen Kindertage. Es ging ihr auch immer um die Stellung der Frau, und hier fand sie mit ihrer aufmunternden, positiven Art viel Anerkennung. Ihr stetes Spiel mit der Fantasie, mit der sie anregte, reizte und das Heitere suchte, blieb bis ins hohe Alter ein Geschenk für sie selbst und für ihre Umwelt. Mit einer positiven Lebenseinstellung umschiffte sie die schwierigeren Zeiten, die es in ihrer Familie auch gab. Aber nicht immer liessen sich alle Schatten vertreiben; vor allem in jener Zeit nicht, als sie selbst, auch als Schweizer Bürgerin, während der kritischen Kriegsjahre den rauen Wind aus Hitlers Terrorstaat zu spüren und zu fürchten hatte.

Edith Wilhelmine Jonas wurde am 11. November 1907 in Deutschland in Oberursel geboren. Ihr Vater, Israel-Salomon-Julius Jonas, kam aus einer angesehenen jüdischen Familie. Er hatte sein Studium als Oberingenieur mit höchsten Auszeichnungen abgeschlossen. 1905 heiratete er die

3 Strassenbahn-Haltestelle, eine der frühen Zeichnungen, 1922.

4 «Wimbledon-Sieger 1975», Zeichnung im «Nebelspalter»,
August 1953.

aus einer streng katholischen Kölner Familie kom-
mende Agnes Schaupp. «Eine bildschöne Frau mit
herzlichem Gemüt, feinfühlig und elegant», so
wird ihr Mann noch im Alter schwärmerisch von
seiner Frau sprechen. Ohne Zweifel war diese Verbindung für die damalige Zeit im konservativen
Kirchturm-Denken Deutschlands auch gesellschaftlich ein höchst ungewöhnliches Liebesband.
Eine überzeugende, die Traditionen brechende,
erste Tat für ein freiheitliches, emanzipiertes Zu-
sammenleben? 1910 wurde dann Ediths Bruder
Walter geboren, 1912 die Schwester Margot. Alle
drei Kinder sind später in der Schweiz reformiert
getauft worden. So sollte in dieser Familie neben
künstlerischen und technischen Begabungen und
Werten auch das Religiöse einbezogen werden.
Zu den jüdischen und katholischen Wurzeln kam
nun also auch noch der evangelische Geist dazu.

Ein beispielhaftes Zusammengehen einer ökume-
nisch ausgerichteten Familie.

Familie Jonas übersiedelte 1910, als Edith gerade drei Jahre alt war, in die Schweiz, nach Baden,
wo die Weltfirma Brown, Boveri & Cie. Julius Jonas
die Stelle als Leiter des Patentbüros angeboten
hatte. Jetzt war eine wichtige Zukunftsplanung
gefragt. Die Stelle konnte Vater Jonas allerdings
erst nach dem Ende des Ersten Weltkriegs antre-
ten; als Deutscher musste er Kriegsdienst leisten.
So hatte die Familie vorerst zurück nach St-Louis
ins Elsass zurückzugehen, wo Edith ein Jahr die
Volksschule besuchte. Als der Krieg dem Ende zu-
ging, schickte Vater Jonas seine Familie, von allerlei Vorahnungen bewegt, wieder in die Schweiz
zurück, während er als Offiziersstellvertreter und
Vizefeldwebel des 1. Landsturm-Infanterie-Batail-
lons auf «allerhöchsten Befehl des Kaisers und

Margot läuft Schlittschuh......!!

Baden, 28. Februar 1934.

Liebes Mamali!

Vielen Dank für Deinen lieben Brief. Ich freue mich sehr, dass Du wieder besser schlafen kannst und Dich besser fühlst; mach also die Kur nur schön weiter, der Erfolg wird dann auch vollständig sein. – Dass Dir mein Kuchen so gut geschmeckt hat, freut mich riesig. Allerdings ist er nichts anderes als Dein Marmorkuchen-Rezept halbiert und mit viel Citronenschale. Das gibt dem Kuchen das Aroma. Ich lege die Mengen, die ich dem Teig zugab, hier bei.

Margot ist eine begeisterte Schlittschuhläuferin geworden, es ist zum totlachen, wenn sie

Oh, Edith und Eric, bei diesen Walzermelodien schwebt man nur so dahin....

Margot demonstriert zu Hause.....!!

5 Brief von 1934, Schwester Margot als Schlittschuhläuferin.

6 Englische Skifahrer-Truppe, Edith Jonas als Dritte von rechts, um 1935.

7 Die Eltern: Julius Jonas und Agnes Schaupp, Hochzeitsbild vom 15. März 1905.

8 Die Kinder Margot, Edith und Walter, 1915.

Königs» noch das Eiserne Kreuz Zweiter Klasse für besondere Verdienste entgegennehmen durfte. Fast zur gleichen Zeit traf ihn allerdings die Nachricht vom Tod seines Bruders Willi, eines Schauspielers, der in den letzten Kriegstagen im Schützengraben umgekommen war. Doch es sollte – Jahre später – für die breit verzweigte jüdische Familie Jonas noch Schlimmeres kommen. Die Not in Deutschland wuchs. Und Julius Jonas verabscheute die Gewalt. Er lebte von der Hoffnung auf politisch und wirtschaftlich bessere Zeiten. Und er verstand es, dieses positive Lebensgefühl auch an andere weiterzugeben. Als der Krieg ihn von seiner Familie trennte, schrieb er während seiner Dienstzeit Gedichte für seine Frau und seine Kinder. Seine überaus romantischen Liebesverse, die er seiner Frau ein Leben lang immer wieder schenkte, zeigen sowohl Weltschmerz wie Humor. Im nachfolgenden Gedicht, das er im Umfeld von Krieg und sterbenden Menschen notierte, schaut er mit tiefen Gefühlen in eine dunkle Ferne, lässt aber auch spüren, wie Schwermut und Heimweh einen Mann leiden lassen:

> Und wieder kam der Abend,
> Und wieder kam die Nacht,
> Und wieder hab ich Deiner
> So sehnsuchtsvoll gedacht.

> Ich sah in dunkler Ferne
> Den Himmel wolkenschwer.

> Versunken sind die Sterne
> Im tiefen Weltenmeer.

> Ich hörte die Winde wehen,
> Sie wehten feucht und kalt.
> Sie rauschten über die Höhen
> Und durch den herbstlichen Wald.

> Und wieder kam der Morgen,
> Und wieder kam der Tag.
> Und immer noch in Sorgen
> Ich ohne Schlummer lag.

Ediths Vater war neben seiner beruflichen Tätigkeit als Ingenieur mit erfinderischen Gaben ohne Zweifel ein Poet, ein Musiker dazu. Er hat in seinem Leben gegen 180 patentierte Erfindungen gemacht, darunter Kinderspielzeuge und Küchengeräte. Aber seine grössten Erfolge gelangen ihm

9 **Erster Weltkrieg, Julius Jonas als Offizier im Elsass.**

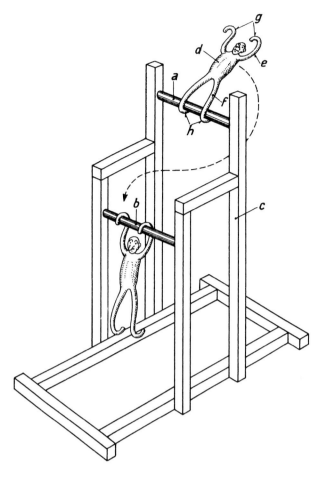

10/11 **Von Julius Jonas konstruiertes und patentiertes Spielzeug in Form eines Turngeräts, 1944.**

auf dem Gebiet der Elektrotechnik. So war er es, der schon 1919 theoretisch die Möglichkeiten für das Fernsehen voraussah und plante, was in vielen Fachzeitschriften international mit grossem Interesse wahrgenommen wurde. In seinem in der Zeitschrift «Helios» erschienenen Artikel «Elektrisches Fernsehen» (Dokumentation ETH und ZB Zürich) zeigt er als Erster – auch hier wiederum der Technik viele Jahre vorauseilend – die drahtlose Bildübertragung, wie sie im Prinzip bis heute gilt. Sein Name erschien in diesem Zusammenhang in den Fachzeitschriften der Welt. Es war ja auch die Zeit, in welcher die grossen technischen Entwicklungen stattfanden, wo das Künstlerische mit dem Technischen noch viel mehr verbunden war. So hat er seinen Beruf immer als eine schöpferische Tätigkeit aufgefasst, die eng verbunden ist mit dem Menschen. Und so manches, was ihn so liebenswert und interessant machte, finden wir nun auch in der künstlerischen Begabung und in der Lebensgeschichte seiner Tochter Edith wieder. So vieles, was in diesem Haus als geschriebene Botschaft daherkam, war in meist poesievoller Versform gehalten. Sicher wird nun aber niemand behaupten, dass die Verse aus den Papa-Moll-Büchern Poesie seien, das sollten sie auch nie

sein! Aber aus Kunst auch wirtschaftlichen Nutzen zu ziehen, kluge Ideen umzusetzen und damit Freude zu bereiten, das war die Devise von Ejo, und präzis das machte sie zur aussergewöhnlichen Frau. Dass Vater Jonas neben seiner anspruchsvollen Arbeit im technischen Bereich auch noch ein liebenswerter und humorvoller Vater, später ein begeisterter Opa war, der viel Zeit für seine Familie aufbrachte, das machte ihn zwar keineswegs einzigartig. Aber er war ein Vorbild, er war die Pflanzstätte, auf dem die künstlerischen Begabungen seiner Kinder reifen konnten. Auch für Julius Jonas war Humor eine Weltanschauung. Was den späteren «Papa Moll» betrifft, so gehörte auch Papa Jonas als Vorbild zu den Spurenlegern, die zum erfolgreichen Comic-Vater führten.

Elektrisches Fernsehen.

Von Dipl.-Ing. **J. Jonas.**

Ein Problem, das heute noch der praktischen Lösung harrt, ist das Problem des elektrischen Fernsehens. Zwar sind in dieser Frage schon viele, aber leider wenig aussichtsreiche Vorschläge gemacht worden, die alle an fast unüberwindlich scheinenden Schwierigkeiten scheitern. Welcher Art diese Schwierigkeiten sind, soll zunächst gezeigt werden.

Bei allen Verfahren des elektrischen Fernsehens wird das zu übertragende Bild in eine endliche Anzahl kleiner rechteckiger oder quadratischer Teile, die wir ungenau Bildpunkte nennen wollen, zerlegt, und jeder dieser Teile wird als eine Fläche gleichmäßig verteilter Helligkeit betrachtet. Hierdurch wird die Konturschärfe des Bildes natürlich wesentlich herabgesetzt, besonders da es aus praktischen Gründen unmöglich ist, die Zahl der Bildpunkte größer als einige Tausend zu machen. Ist die Zerlegung des Bildes in Bildpunkte ermöglicht, dann kann man entweder alle Bildpunkte gleichzeitig zur Empfangsstation übertragen und dort das Bild mosaikartig zusammengesetzt wieder erzeugen, oder aber man überträgt die Bildpunkte der Reihenfolge nach nacheinander und setzt das Bild in der Empfangsstation auch mosaikartig, aber sozusagen kinematographisch zusammen. Solch ein Bild ist also eine Kinomosaik, welche eigentlich eine erweiterte Kinematographie darstellt. Genau nun wie bei dieser kommt im Auge des Beschauers das eigentliche Bild auch nur infolge der Trägheit unseres Sehapparates zustande, denn in Wirklichkeit wird in jedem Moment nur ein einziger Lichtpunkt auf unsere Netzhaut wirken, und nur die große Geschwindigkeit des Bildpunktwechsels ermöglicht das gleichzeitige Sehen aller Bildpunkte. Jedoch sowohl die gleichzeitige, wie auch die aufeinanderfolgende Übertragung der Bildpunkte zur Empfangsstation ist eine sehr schwierige Aufgabe, der sich viele Hindernisse in den Weg stellen. Die gleichzeitige Übertragung erfordert eine Vielheit der Übertragungseinrichtungen, deren Zahl gleich der Zahl der Bildpunkte ist. Setzt man diese auch

12 «Elektronisches Fernsehen», Artikel von
Dipl. Ing. Julius Jonas, 7. Dezember 1919 – Jahrzehnte
bevor die Television erfunden wurde.

13 Am Familientisch, um 1919.

14 Mutter Agnes mit den drei Kindern, 1916.

15 Ehemaliges Transformatorenhäuschen der Villa Burghalde,
seit den 1960er-Jahren das Atelier der Künstlerin.

16 Die beiden geheimnisvollen Reisekoffer.

17 «Der Schlagbaum», Erinnerung an den Grenzübergang 1918.

Wer sich heute dem ehemaligen Atelier von Edith Oppenheim-Jonas im alten Badener Transformatorenhäuschen in der Burghalde nähert, der lauscht vergeblich nach Gustav Mahlers «Sinfonie in D-Moll», die sie so gerne hörte, dann, wenn wieder ein Bild auf der Staffelei am Entstehen war. «Jedes Bild, das ich male, ist für mich ein Erlebnis, dessen Ausgang ich nicht im Voraus kenne», antwortete sie jeweils auf diesbezügliche Fragen. Aber von der nahen Musikschule springen doch Töne herüber. Musik und Kunst sind sich hier nah. Auch hängt noch immer die weisse Malschürze neben der Tür, als wäre die Künstlerin nur für Momente weggegangen. Im Atelier, wo ihre Familie den Nachlass von Edith Oppenheim-Jonas aufbewahrt, finden sich auch zwei sehr alte, geheimnisvolle dunkelbraune Reisekoffer. Das Leder ist überall angerissen. Reste von Etiketten zeigen, dass das Köfferchen weite Reisen hinter sich hat. Den Inhalt mögen die verrosteten Beschläge und Schlösser heute offensichtlich ungern hergeben.

18 Erste Wohnstätte an der Kehlstrasse in Baden.

19 Arbeitseinsatz von Arbeitslosen beim Bau des Schwimmbads
    Baden, Juni 1933.

Edith Oppenheim-Jonas hat in diesen alten Koffern die persönlichsten Sachen ihrer Familie aufbewahrt. Nach einigem Drücken und Pressen springt der Kofferdeckel dann doch auf. Zum Vorschein kommen, fein geordnet, die Schriften der Familie Jonas und der Familie Oppenheim. Dazu Pläne, Skizzen für Forschungszwecke, die vom feinen Erfindergeist des Vaters erzählen, und natür-

lich andere, persönliche, kleine Kostbarkeiten, wie die ersten Milchzähnchen ihrer Kinder. Auch das Eiserne Kreuz des Vaters liegt hier in Papier eingewickelt. Doch das Ehren-Medaillon aus Deutscher Kriegszeit weckt ungute Erinnerungen an die Vergangenheit. Denn die hohe Auszeichnung hätte die Familie später vor den Nazi-Verbrechern nicht geschützt, das hat die Geschichte hunderttausendfach bewiesen. Viele jüdische Menschen glaubten damals, die Tapferkeit und der Einsatz für das Vaterland während des Ersten Weltkriegs, die bewiesene Liebe zur Heimat würde von den Nazis respektiert, würde sie vor dem «braunen Wahnsinn» und vor der Deportation schützen. Doch die NS-Ideologie hatte hier andere Vorstellungen. In einem auf Pergament aufgezeichneten Familienstammbaum der Jonas fallen sie sofort auf, die Kürzel hinter den Namen, bestehend aus nur drei Buchstaben, «dep.!» für deportiert, was dann in den meisten Fällen «ermordet, umgekommen» bedeutet. Es sind nicht wenige … Doch der Koffer enthält auch noch andere Erinnerungen, die zu den positiven und erfreulichen Lebenserfahrungen gehören, Erinnerungswerte aus späteren Jahren, als aus Edith Jonas eine Edith Oppenheim-Jonas geworden war.

Als Vater Jonas 1918 seine Familie ein zweites Mal in die Schweiz übersiedeln lassen wollte, verweigerte ein Zöllner der Frau mit ihren drei Kindern die Einreise. Es war dies die Zeit der Streiks, der Meutereien und der Ausrufung der Republiken

Die Ortsbürgergemeinde

Mellingen

Bezirk **Baden** — Kanton Aargau

hat in ihrer Versammlung vom 22. August 1933

in ihr Bürgerrecht aufgenommen:

Familienname: **Jonas**

Vorname: Israel Salomon gen. Julius

Geburtsdatum: 6. September 1874

Bisher heimatberechtigt in: Preussische Staatsangehörige.

Familienstand: sehr Wachtele.

Die Aufnahme erfolgte auf Grund der gesetzlichen Ausweise und gegen eine

Einkaufssumme von Fr. **2000.—**

Mit der Genehmigung dieses Bürgerbriefes tritt der Eingebürgerte in alle Rechte
und Pflichten, die das Gesetz mit dem Ortsbürgerrecht verknüpft.

Mellingen, den 23. August 1933.

Namens des Gemeinderates:

20/21 **Julius Jonas lässt sich 1933 in Mellingen einbürgern.**

und Parteien. In Russland begann nach der Oktoberrevolution der Bürgerkrieg. Deutschland und Frankreich unterzeichnen einen Waffenstillstand, und die deutschen Truppen räumten die besetzten Gebiete und das linke Rheinufer. Die Grenzen wurden noch stärker bewacht als vorher. Der Friede von Versailles veränderte die politische Karte Europas. Hinter allen Reisenden sahen die Wachtposten Überläufer und Spione, und sie begegneten ihnen unfreundlich und abweisend. Auch Mutter Jonas und ihre Kinder kamen in Bedrängnis. Der Grenzbeamte wollte sie zurückhalten, anerkannte die gültigen Ausreisepapiere nicht. Einige Goldmünzen und das charmante und überzeugende Auftreten von Mutter Agnes stimmten den Mann dann aber um, und der Schlagbaum öffnete sich. Das Erlebnis sollte die Kinder ein Leben lang verfolgen, denn, kaum zwei Jahrzehnte später erlebte Edith Oppenheim, nun mit ihrer eigenen Familie, den Schrecken einer verordneten Deportation erneut.

Familie Jonas wohnte während vieler Jahre in Baden an der Kehlstrasse. Die politische Wetterlage in Europa verhiess weiterhin nichts Gutes. Der Name Adolf Hitler hing wie ein dunkler, verhängnisvoller Nebel, der sich in Windeseile ausbreitete, über der westlichen Welt. Julius Jonas fand in seiner Anstellung bei Brown, Boveri & Cie.

22 Tochter Edith und Mutter, um 1930.

Liebes Mamachen!
Du versorgst uns alle Tag.
Hast viel Ärger und viel Plag.
Bist in Keller, Küch' und Zimmer,
sorgst gar lieb für alle immer.
Wir lieben dich sehr, Mamalein.
Ohne dich könnten wir einfach nicht glücklich sein!
Bist du mal in Köln oder Cademario etcetera ...,
dann seufzen alle: Wär nur s'Mamali wieder da!

grosse Anerkennung. Gleichwohl musste er, je lauter die Nazis und damit auch ihre Gesinnungsgenossen in der Schweiz wurden, spüren, dass der zunehmende Einfluss von Hitlers Sympathisanten katastrophale Folgen für ihn und seine Familie haben könnte. Beim Börsensturz vom Oktober 1929 verlor Julius Jonas zudem sein ganzes Geld. Er hatte wie so viele mit dem wenigen, was er besass, spekuliert. Immerhin, er hatte eine recht sichere Anstellung bei Brown, Boveri & Cie. Die Arbeitslosigkeit hatte auch in der Schweiz ihren Höchststand erreicht. Zeitweise waren über zehn Prozent Arbeitskräfte arbeitslos. Ingenieure, die bei Brown, Boveri & Cie. ihre Arbeit verloren hatten, wurden von der Stadt Baden zum Bau des Schwimmbads an der Seminarstrasse eingesetzt. Damals wurde die ganze Schwimmbadanlage mit Spaten und Schaufeln von Hand ausgehoben.

In dieser Situation entschliesst sich Julius Jonas, dem immer gefährlicheren Klima aus Deutschland entgegenzutreten, und beantragt in Mellingen das Schweizer Bürgerrecht, was er 1933 bekommt. Dies alles gehört zur Geschichte von Ediths Vater. Es ist die Geschichte eines Mannes, der den politischen Irrsinn des Nationalsozialismus durchschaute (erst später bekam er die Tragödie seiner weit verzweigten Familie mit) und sich deshalb mit aller Kraft und Dankbarkeit an das Glück klammerte, mit seiner Frau und seinen drei Kindern in der Schweiz zu sein. Doch auch in der Schweiz wuchs die Zahl der aktiven Frontisten. Bereits gab es die ersten Gauführer. Fast gleichzeitig mit der Erlangung des Bürgerrechts lässt er seinen Vornamen behördlich und rechtskräftig als «Julius» eintragen, die Beinamen Israel und Salomon fallen weg. Der Grosse Rat stimmt auch diesem Antrag zu. Die Gebühr für die Namensänderung betrug 32 Franken. Diese Belege liegen, wohl als emotionale Erinnerungen, ebenfalls in besagtem braunem Koffer. Von all diesen elterlichen Massnahmen erfahren die Kinder, die nun alle das Schweizer Bürgerrecht besitzen und auch protestantisch getauft sind, nichts. Wie hätten sie auch ahnen können, dass ihr kluger Vater damals, mögliche Geschehnisse voraussehend, Dinge tat, die der Familie Sicherheit und Stabilität brachten.

23 Glückwünsche für Mama und …

6. September 1929.

Lieber Papa!

Zu Deinem Geburtstage wünscht

Dir alles Gute und Schöne

Deine Dich liebende

Tochter

24 ... für Papa, 1929.

25 **Erste Fingerübungen, Mitte der 1920er-Jahre.**

26 **Karikatur von Ejo für frisch diplomierte Haushaltslehrerinnen.**

27 **Kochen und Haushaltskurse waren Pflicht, 1925.**

Die Jahre der Fingerübungen

Edith Jonas verbrachte in Baden eine glückliche Jugend in einem offenen und kreativen Elternhaus. Während andere Mädchen im Vorschulalter mit Puppen spielten, verlangte sie nach Papier und Farbstiften. Alles, was es zum Malen und Zeichnen brauchte, war in dieser Familie immer vorhanden. «Fingerübungen», ein Schlüsselwort in der Familie, eine Tätigkeit, die sich sowohl auf Schwester Margot bezog, die am Klavier ihre ersten Tonleitern übte, wie auch auf Edith und Bruder Walter, die irgendwo an einem Tisch mit Zeichenstift auf Packpapier erste Männchen, Blumen und Gesichter zeichneten. Wo in anderen Familien «Eile mit Weile» gespielt wurde, da wurde bei Familie Jonas gezeichnet. Mit ihrem Bruder fand sie immer wieder neue Motive. Vor allem holten sie jene Dinge aufs Papier, die sie sich als Kinder wünschten, aber nicht bekommen konnten. Auch eine Art, sich Wünsche zu erfüllen! Edith übte sich zudem schon als kleines Mädchen fleissig im Verseschmieden. Dies war eine liebe Familiengewohnheit. Auch hier war Vater Jonas wieder Vorbild. Kein Geburtstag seiner Frau oder seiner

28 Die Mädchenklasse an der Bezirksschule, Ejo in der Mitte
als Zweitvorderste, 1920/21.

29 An einer Klassenzusammenkunft 1946: Fritz Rentsch,
Hugo Doppler, Ejo, Alice Guggenheim, Frieda Blumer,
Celine Keller, Marty Huber.

30 Ejo mit Albert Hofmann, Erfinder des LSD, und Edith Maeder,
1986.

Kinder verging, ohne dass nicht Geburtstagswünsche in Gedichten und in Versform ankamen, wo
immer die Familie sich aufhielt. Auch erste Brief-
chen, die Edith der Mutter als kleine Freudebrin-
ger zusteckte, sind schon gereimt, so, wie sich das
für die spätere «Papa-Moll-Schöpferin» gehört.

Die Kinderjahre verflogen wie so manche
Träume, die nicht immer in Erfüllung gehen. Edith
besuchte nach der Primarschule in Baden die Bezirksschule. Hier durfte sie sogar eine Klasse über-
springen. Einer ihrer Klassenkameraden des obe-
ren Jahrgangs war der 1906 in Baden geborene
Albert Hofmann, der als Erfinder des LSD und anderer Wirkstoffe berühmt wurde. Mit ihm verband Edith eine lebenslange Freundschaft. Das

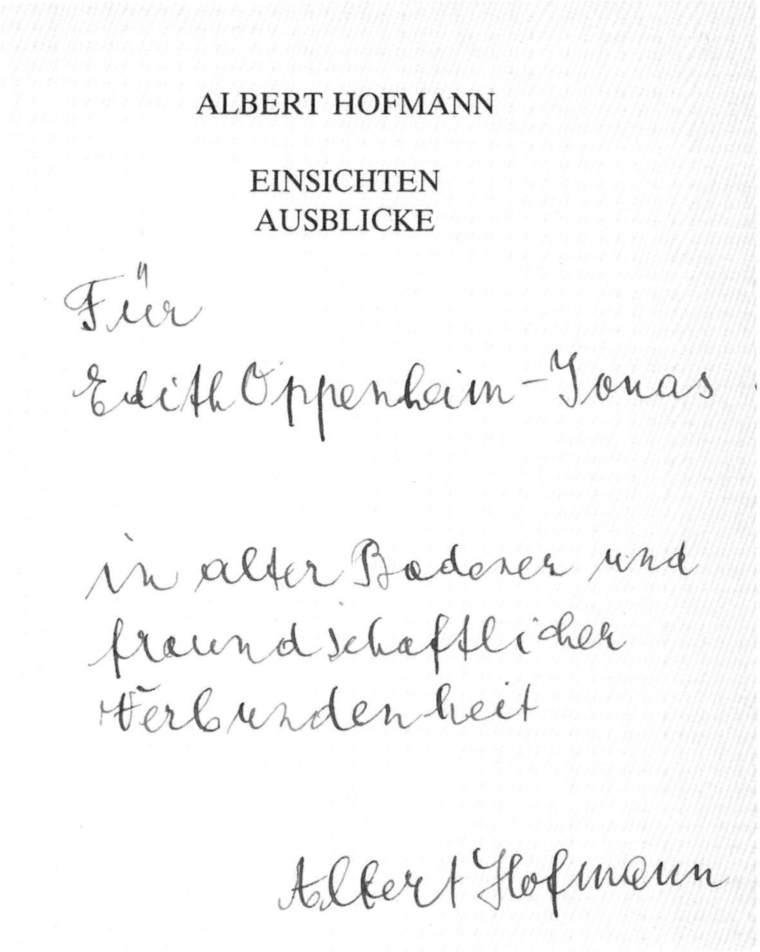

ALBERT HOFMANN

EINSICHTEN
AUSBLICKE

Für

Edith Oppenheim-Jonas

in alter Badener und
freundschaftlicher
Verbundenheit

Albert Hofmann

31 «Einsichten – Ausblicke», 1986, Widmung von
Albert Hofmann.

Leben hatte den beiden ein ungleiches Rollenspiel zugedacht. Doch ihre Beziehung bewies einmal mehr, wie sehr sich Kunst und Wissenschaft nahe sein können, hier die Spielereien und der künstlerische Ausdruck mit Form und Farbe, die Kriterien des Schauens, und dort das Experimentieren und Forschen auf naturwissenschaftlichem Hintergrund. Er schickte ihr seine Bücher über die Wirkstoffe von Arzneipflanzen und mexikanischen Zauberdrogen, und sie bedankte sich mit «Papa Moll»-Bändchen. Dass Hofmann sich über den Glatzkopf und seine Einfälle herzlich freute, dass er auch das bildnerische Schaffen der einstigen Schulkollegin bewunderte, das ist auf Grund seiner Aussagen in vielen Briefen anzunehmen.

«Jeder Mensch ist letztendlich Schöpfer seiner eigenen Welt, liebe Edith», schreibt er, und er erinnert damit an ein langes Gespräch zu diesem Thema, das er mit der einstigen Schulkameradin in ihrem Atelier geführt hat, «wo mich Deine Bilder beglückten».

Vor allem Hofmanns Buch «Einsichten – Ausblicke», das zu seinem 80. Geburtstag herauskam und das mit vielen philosophischen und religiösen Fragen aufwartet, scheint bei der Künstlerin auf reges Interesse gestossen zu sein. So wie sie es in Büchern immer tat, markierte sie auch hier die ihr besonders wichtigen Sätze, taxierte mit Unterstreichungen und Bemerkungen: «sehr gut» oder «gut», und auch mal ist ein «fraglich» oder «falsch»

Baden, 14.F

Geliebtes Mamali!
    Vielen Dank für Deine liebe
Karte aus Degersheim. Es tut mir leid, wennDu noch
ganz den gewünschten Schlaf gefunden hast und nacht
keine Ruhe finden konntest, aber weisst Du, das ist

32 **Noch gibt es keine Skilifte, um 1930.**

dabei. Es war ihre Art, die Dinge zu hinterfragen. Hofmann schenkte ihr seine Bücher in «freundschaftlicher Verbundenheit». Dass Edith diese Bücher des Freundes und Chemikers von Weltruf auch las und am Inhaltlichen regen Anteil nahm, ja, gar versuchte, in die Formeln und Resultate seiner Untersuchungen Einblick zu bekommen, das ist schon erstaunlich. Es zeigt einmal mehr, wie vielseitig das Interesse dieser Künstlerin war. Sätze wie «Die farbenprächtige Welt, wie wir sie sehen, existiert, objektiv gesehen, draussen nicht. Die Wahrnehmung von Farbe ist ein rein psychisches und subjektives Ereignis, welches im innern Raum eines Individuums stattfindet», schrieb Hofmann in seinem Buch. Solche Worte, solche Sätze fanden bei ihr als Künstlerin mit dem enormen Gefühl für Farben grossen Anklang.

Viele von Edith Jonas geschriebenen, im Nachlass erhaltenen Briefe kommen von oder gehen nach Cademario, dem Erholungsort in der Nähe des Luganersees, wo die Familie viele Jahre ihre Ferien verbrachte. Hier ist wohl auch der Moment, das sommerliche und winterliche Reisefieber der Familie Jonas anzusprechen. Ski- oder Badeferien, die das Haushaltsbudget nicht quälten, führten alle Jahre für kurze Zeit in die Berge oder ins Tessin. Je älter die drei Kinder wurden, desto ernsthafter trainierten sie neben der Piste auch auf dem Tenniscourt. Als es nach der Bezirksschule um erste Berufswünsche ging, gab es wiederum grosse Familienplanung. Margot war eine sehr gute Pianistin. Walter Frey, der am Konservatorium Zürich tätig war, war ihr ein guter Lehrer. Doch zur Konzertpianistin würde es nicht reichen, so urteilte wohl Vater Julius Jonas richtig. Für ihn stand ohnehin fest: Ein Künstler in der Familie genügt! Und ebenso klar fiel seine Wahl auf Sohn Walter, der nach der Matur die Kunstakademie in Berlin besuchen durfte, wo er bald Meisterschüler bei Robert Melzer (Mitglied der «Brücke») wurde.

33 Familienreportage, 1934.

34 Gesundung durch Aderlass, Karikatur über den Erholungs-
urlaub im Kurort Cademario, Mai 1937.

Später begann er noch eine Ausbildung in Kunstgeschichte und Architektur. Nach ersten Studienreisen hatte er bereits öffentliche Ausstellungen
in Paris und Berlin. Walter Jonas war bald einmal
einer der ganz grossen Hoffungsträger in der
Schweizer Malerei. Schon in jungen Jahren pflegte

36 **Die drei Kinder Jonas 1925.**

35 **Walter Jonas, bekannter expressionistischer Maler, 1965 in seinem Zürcher Atelier.**

er seine eigene charakteristische Handschrift, die seine Werke unverwechselbar kennzeichnete. In den 1950er- und 1960er-Jahren war er in allen grossen Kunsthäusern der Schweiz vertreten. Zu erwähnen sind hier vor allem aber auch seine städtebaulichen Projekte «Intrapolis» zum Thema «Kunst des Wohnens». Die Idee dieser Städtebaukonzeptionen verbreitete sich rasch über die ganze Welt. 1985 erschien bei Vontobel-Druck die Monografie «Walter Jonas – Maler, Denker, Urbanist».

Natürlich wurde auch Edith nach den ersten Ausstellungserfolgen von Walter schnell bewusst, dass aus dem «kleinen» Bruder nun der grosse Maler geworden war, und man könnte ganz gut

verstehen, dass sie – rückblickend auf das nicht erlaubte Kunststudium – etwas neidvoll seine künstlerische Entwicklung mitverfolgte. Denn während sie einem Geldberuf nachgehen und für ihr Leben aufkommen musste, kamen die Briefe des Bruders aus Paris, aus Dubrovnik, aus Venedig und aus anderen Städten, wo es ihn während seiner Studienzeit hin verschlagen hatte: «Lieber Papa, liebe Mama, danke für das Geld und den Kuchen. Du kannst dir gar nicht vorstellen, was für ein Fest der Marmorkuchen für mich bedeutet. Die Malutensilien sind sehr teuer, ich wäre sehr dankbar, wenn du mir noch einmal ca. Fr. 50.– überweisen könntest. Ich habe für 25 Lire eine

37 Bruder Walter, von Ejo porträtiert, um 1942.

Pension ausgemacht, so könnte ich meinen Auf-
enthalt noch verlängern, usw., usw ...» Ja, Edith
wusste natürlich um die finanzielle Unterstützung, die ihr Bruder in der schwierigen Zeit bekam. So ist es also gewiss nicht verwunderlich,
dass sich hier Vernunft und Gefühl nicht immer
einig waren.

Im Bild: BAHNSTE | ABFAHRT | BERLIN D-Zug 41233 | EJ. | Wenn der Vater und der Sohn auf den Bommel geht ....

38 **Überraschungsbesuch von Vater Julius bei seinem Künstler-
sohn Walter in Berlin.**

Der Bruder hatte also seinen Vater nicht enttäuscht, hatte internationale Anerkennung gefunden. Diese künstlerischen Erfolge des Bruders
erwähnte Edith nicht selten mit Stolz. Doch seine
vom Elternhaus erhaltene Möglichkeit, den künstlerischen Weg einzuschlagen, und ihr Hinten-an-
stehen-Müssen als Tochter, das zu akzeptieren,
war für die ebenso begabte, aber im Stil ganz anders orientierte Schwester Edith nicht einfach.
Auch ihre Bilder und Illustrationen fanden schon
in jungen Jahren viel Bewunderung. Doch der
sonst so liebevolle Papa hatte gesprochen! Sohn
Walter geht an die Kunstakademie, die Töchter
sollen die Handelsmatura machen. Wie sehr dieser doch sehr patriarchalische Entscheid des Va-

ters Tochter Edith damals wirklich traf, ist sehr
schwer zu sagen. In späteren Briefen an die Eltern
ist davon nichts zu lesen. Auch war sie in ihrem
kaufmännischen Berufsleben so sehr von ihrer
Arbeit abgelenkt, dass das nicht bewilligte Kunststudium keine weiteren Diskussionen auslöste.
Doch das Verhältnis zu Bruder Walter war, je älter
sie wurden, nicht ganz frei von Unstimmigkeiten.
Vor allem in späteren Jahren häuften sie sich und
waren nun deutlich von der Geschwisterrivalität
geprägt. Kam dazu, dass der Bruder inzwischen
auch Aufnahme in internationale Künstlergemein-
schaften gefunden hatte und dort bald Freundschaften mit bekannten Dichtern, Denkern und
Malern pflegte. Rivalität kann aber auch eine

39 **In frühen Jahren: Bruder und Schwester verbunden durch Sport und Kunst.**

anspornende Wirkung haben, so nahm Edith in den 1940er-Jahren noch Unterricht im Aquarell- malen bei ihrem Bruder. «Er war der beste Aqua- rell-Lehrer. Er hat mir unglaublich viel gegeben», hält sie immer wieder fest. Auch erwähnt sie 1978 in einem rührenden, tieftraurigen Brief an Schwester Margot den Besuch bei Bruder Walter: «Er tut mir so leid, er machte mir den Eindruck eines schwerkranken, behinderten Greises.» Ein Jahr später starb der Bruder in seinem Atelier in Zürich.

Dieses nie ganz überwundene Gefühl der Benachteiligung im jugendlichen Alter, diese Auswirkungen des väterlichen Machtworts be- hielten ihre Auffälligkeit bei Edith Oppenheim-

Jonas bis ins hohe Alter. Obwohl sie immer wieder beteuerte, dass sie es nie bereut habe, neben ihren künstlerischen Aktivitäten einen «sicheren» und interessanten Beruf erlernt zu haben, richtete sich ihre Aversion rasch einmal gegen die Tendenzen einer Malerei und Bildsprache, die ihren Empfin- dungen widersprach, die in ihrer total optimisti- schen Lebensauffassung ganz einfach keinen Platz hatte. So ging sie weiter auf dem Weg, der ihren eigenen künstlerischen Ansichten nach der rich- tige war, den Weg in die gegenständliche Malerei. Um sich herum sah sie die Beispiele vieler Maler, die getrieben waren, in ihrem Werk das Zerstöre- rische in den Vordergrund zu stellen, und damit auch Erfolg hatten. Das lehnte sie ganz ab. «Heute

40 **Beispiel für alle: Edith posiert mit Mittelschülerin für vorbildliche, korrekte und aufrechte Schreibhaltung, Höhere Töchterschule der Stadt Zürich, 1924.**

verwechselt man in der Kunst Freiheit mit Chaos, mit Unordnung, mit Dilettantismus. Wir werden ständig verunsichert durch bewusste, systematische Vernichtung des gesunden menschlichen Kunst-Empfindens», schreibt sie und macht in ihrer Kritik auch nicht halt vor Angriffen auf «sogenannt akademisch geschulte Kunstrezensenten». Diese würden leider eine Kunst ohne Massstäbe, ohne Gesetzmässigkeit fördern und der Welt und den Kunsthäusern aufzwingen, war ihre Meinung. Ein bisschen bezog sie in diese Kritik wohl auch den Bruder mit ein, der mit seinem Hang zum analytischen Kubismus ebenfalls seinen eigenen Weg suchte. Schon während seiner Studienzeit hält er in einem Brief an die Eltern fest: «Es gibt so viele Dinge in der Kunst, die problematisch sind und die man nicht nur mit dem Verstand lösen kann und darf. Ich scheue mich davor, nur eine Fabrikation gefälliger Bilder zu malen – zu sehr verlange ich von meiner Arbeit, dass sie wahr ist und ehrlich, d.h., dass sie meinem wirklichen Erleben, meiner eigenen Persönlichkeit entspricht. Nur auf diese Art und Weise ist es auch möglich, wirklich

dauerhafte Werte zu schaffen!» Edith Oppenheim-Jonas hat die Briefe ihres Bruders aufbewahrt. Bissige Kommentare fehlen. Doch soll es, wie ihre Kinder sich erinnern, viele und «laute» Telefonate gegeben haben ...

Cademario, Wengen, Zuoz, Mürren, Stoos, Valbella, Ascona, Oberiberg: Ediths Reise- und Ferienlust passte zu ihrer Freiheitsliebe, die ihr so wichtig war. Besuchte sie vorerst mit Eltern und Geschwistern diese Orte, so wird sie sich in späteren Jahren mit der eigenen Familie immer wieder in den Bergen aufhalten. Aber es gab auch Wochen, wo sie sich für Malstudien in den grossen Kunststädten im Ausland aufhielt, wo sie fleissig skizzierte und kopierte – das allerdings nicht auf Papas Kosten! Und wo immer sie war, schrieb sie fleissig Briefe. Ihre besondere Eigenart war es, dass sie jeweils die Briefmarken mit einer Strichzeichnung umrahmte, die einen Bezug zu dem hatte, was im Brief angesprochen war. Also wusste «das liebe Mamachen» schon bevor sie den Brief öffnete, welche Sorgen oder Freuden ihre zeichnende Tochter hatte. Die damaligen Postbeamten müssen alle

41 **Brief an Mutter Agnes mit einer umzeichneten Briefmarke, 1929.**

Liebhaber von Ediths Illustrationen gewesen sein, denn kaum ein präzis aufgesetzter Stempel auf den Briefmarken verletzt Ediths kleine Kunstwerke.

Sie besucht nun, wie vom Vater gefordert, die Höhere Töchterschule der Stadt Zürich. Herrlich karikiert sie zum Gaudi der ganzen Klasse die gesamte Lehrerschaft. Ihr Ehrgeiz, den Eltern zu zeigen, dass sie nebst dem Verseschmieden und Illustrieren durchaus auch eine gute Handelsschülerin sein kann, das beweist sie nach drei Jahren «Handeli» mit einem hervorragenden Abschlusszeugnis. Sofort hängt sie noch ein Jahr Schule an und darf danach recht stolz ihre Maturität feiern. Niemand wundert sich über ihre guten Noten. Dass sie während ihrer Schulzeit die Aufsätze selbstverständlich immer mit humorvollen Illus-

trationen abliefert, das scheint bei diesem kreativen Mädchen selbstverständlich. So gab es während der ganzen Ausbildungszeit (1922–1925) kaum einen Tag, an welchem nicht auch noch der Zeichenstift zum Einsatz kam. Auch besucht sie jetzt noch einen Kurs für Haushalt und Kochen. Skizzenblätter, dann Zeichnungen in Tagebüchern erzählen von den Skiwochen, den Schullagern und anderen gemeinsamen Aufenthalten. Und auch hier fallen sie auf, die humorvollen Einträge, die sie zwar nicht in Worte fasst, dafür in gezeichneten Gesten darstellt. Mit einfachen Strichen, ohne viel Text kommt ihr Humor daher. Also auch hier wiederum schon sehr früh ertappen wir sie als Schalk, der das Inhaltliche aus dem Leben greift und aufs Papier bringt, was bereits erste Anzeichen einer

42/43/44/45 **Karikierte Lehrer an der Töchterschule, 1925.**

46 Skischullager Oberiberg, 1924.

47 Mitgliedsausweis des Damen-Skiclub, 1945.

48/49 **Närrische Tage! Die Fasnacht wird zur Familientradition.**

satirischen oder ironischen Eigenheit sind. Humor ist der Stoff, mit dem sie ihr Dasein bereichert. Und natürlich fehlen auch nie die Notizen zu den üblichen Schelmereien, die zum Leidwesen der Lehrerschaft nun einmal zu den Klassenlagern gehören. Dass sie bereits in der Handelsschule auch erste Lektionen im Tennis bekam, war ihr eine besondere Freude.

Mit ihrer ersten Stelle als Top-Sekretärin bei einem Kunstseidefabrikanten hätte sie nun also die Möglichkeit gehabt, sich ganz von der Kunst zu lösen und ein vielleicht einfacheres, leichteres Leben zu führen. Ein solches hatte ihre Schwester Margot gewählt, die inzwischen den Dreiviertel-takt auf der Schreibmaschine im Büro der Chefredaktion der «Neuen Zürcher Zeitung» beherrschte. An den damals immer ausgeschriebenen Stenografie-Meisterschaften wollte Edith allerdings nie teilnehmen. Ihre freie Zeit gehörte weiterhin der Kunst. Sie besuchte Vorlesungen über Kunstgeschichte an der Universität Zürich. Ihre verantwortungsvolle Stelle, die sie als Direktionssekretärin während neun Jahren mit «200 Turbo-Steno-Silben» in der Minute – und das in drei Sprachen – ausfüllte, machte sie für das Unternehmen fast unentbehrlich, wie es Briefe ihres ehemaligen Chefs belegen. Gleichwohl hält sie auch während der neun Bürojahre nichts davon ab, in ihrer Freizeit weiter Malstudien zu betreiben.

Aber immer mehr nimmt die junge, hübsche Dame aus dem Hause Jonas nun auch am gesellschaftlichen Leben in Baden teil. So steht sie mit einem Fuss im bürgerlichen Alltag und mit dem anderen in der Kunst. Die einstmals in Baden be-

50 Der Tennisclub Baden ist gegründet, 1925.

51 Die Tennisschülerin, 1923.

52 **Jubiläumsbroschüre des SAC Sektion Lägern, Linolschnitt 1950.**

rühmten Fasnachtsbälle locken, und die Fasnachts-zünfte bieten ihr die Geselligkeit, die sie als lebens-lustige Frau braucht. 1925 wird in Baden der Ten-nisclub gegründet und 1931 der erste Damenskiclub. In beiden Vereinen darf Edith Jonas nicht fehlen, recht bald schon gehört sie gar zu den beliebtes-ten und engagiertesten Clubmitgliedern, weil die charmante Edith ganz einfach nebst viel sport-lichem Ehrgeiz und Können immer auch den Hu-mor dabei hat. Die Zeit der Fingerübungen ist für alle drei Jonas-Kinder vorbei.

Hilf dir selbst, dann hilft dir Gott

Edith Jonas war mit ihrer verantwortungs-vollen Stelle als Sekretärin durchaus zufrieden, zu-mal sie zweimal in der Woche beim bekannten Zürcher Maler Willy Fries einen interessanten und ihre Begabung fördernden Malunterricht besu-chen konnte. Dort lernte sie natürlich auch Hanny Fries kennen, die Tochter des Zürcher Künstlers,

die später in fast jeder Schauspielhausprobe mit Bleistift und Skizzierblock sass und unvergess-liche Szenenbilder schuf. 1932 hielt Edith die lesen-de Freundin Hanny in einem Ölporträt fest. Edith Jonas war Künstlerin und Sekretärin; sie war in je-der Lebenslage die junge, aktive Frau, die mit ihrer temperamentvollen und positiven Lebenseinstel-lung zwei so unterschiedliche Aufgaben meister-te. Nach Büroschluss skizzierte und illustrierte sie, wo immer sie ein Sujet lockte. Sie schuf in dieser Zeit auch sehr schöne Exlibris als Linolschnitte. So ist es keineswegs verwunderlich, dass sie bereits in den 1930er-Jahren in eine erstaunliche Popula-rität wirbelte. Sie beteiligte sich an ersten Ausstel-lungen. Ihre künstlerische Entwicklung war nicht ganz unabhängig von der Entwicklung einer Ge-sellschaft, die auch in der Region Baden nach den Kriegs- und Hungerjahren vom wirtschaftlichen Aufschwung träumte. Eine gemütvolle Heiterkeit, eine neue Lebensfreude floss demzufolge sofort

53 Porträt von Hanny Fries, Öl auf Karton, 1932.

54 **Kartenspieler auf dem Heimweg, um 1928.**

55 **Sport wird Mode, der vornehme erste Badener Fechtclub.**

auch in die Illustrationen von Edith Jonas ein. Und so war es natürlich nur eine Frage der Zeit, bis man sie überall in den Badener Club- und Vereinstätigkeiten an vorderster Stelle antraf und dort nicht nur ihre sportlichen Leistungen bewunderte, sondern auch ihre Gestaltungsideen, Illustrationen und Erlebnisberichte für Vereinsnachrichten und Revuen aller Art nutzte.

Bald riefen viele Badener Vereine nach Edith Jonas, wenn es um die Gestaltung von Jubiläumsbroschüren oder um Schnitzelbänke für die Vereinsanlässe ging. Sie war nicht nur Mitglied des Badener Tennisclubs, sie war es auch, die 1936 zusammen mit Beatrice Bölsterli den Titel im Schweizerischen Interclub-Turnier der Serie B als Team aus Baden nach Hause brachte. Als frühere Clubmeisterin winkte ihr einmal als Belohnung ein Alpenrundflug mit einem Sportflugzeug. Für die damalige Zeit eine mehr als aufregende Sache. Noch Jahre später erzählte sie, wie der Pilot des Doppeldeckers zu ihrem Schrecken zu einem Looping ansetzte, was selbst der in sportlichen Belangen absolut herzhaften Edith einen gehörigen Schrecken einjagte. Natürlich wusste sie das Flugabenteuer noch Jahre danach mit theatralischen Gesten zu schildern. Später wurde sie dann im Badener «Wimbledon-Turnier» auch von ihren nachstürmenden Kindern Frank und Joan meisterlich abgelöst. So blieb die Tennistrophäe für Einzel- und Doppelmeisterschaften mit Unterbrüchen für längere Zeit im Hause Oppenheim-Jonas. Und natürlich brillierte auch Vater John Eric, wenn auch nicht am Netz, so doch als Vorstandsmitglied und Aktuar des Badener Tennisclubs. Dieses Amt bekleidete er von 1934 bis 1945.

56 Ejo und ihre langjährigeTennispartnerin, Beatrice Bölsterli, gewinnen die Schweizerischen Interclub-Meisterschaften 1936 für den Badener Tennisclub.

58/59 Flugabenteuer: 1. Preis für die Gewinnerin der Club-meisterschaften 1929 ...

57 Tennis macht attraktiv!

Baden,17.Okt. 1929.

Liebe Mäuschen!

Wie ich Margot gestern am
Telefon schon sagte, bin ich also
geflogen und Ihr braucht keine
Angst mehr zu haben. Wie eswar,
das kann ich Euch mit Worten gar
nicht beschreiben - einfach
überwältigend. Ich habe eigentlich
noch nie so etwas wirklich wunderbares erlebt! Es ist nicht zu
vergleichen mit irgend einer
aussichtsreichen Bergtour. Wir sind über die
Churfirsten und Säntis geflogen. Den Säntis haben wir
umkreist und noch übers Rheintal, über St.Gallen,
Winterthur. Wir waren ca.2 Stunden in der Luft und
alles ging glatt ab. Wir hatten ein fabelhaftes
Nebelmeer unter uns. Das ganze Mitteland mit Zürich
alles lag vollkommen im Nebel und darüber flogen
wir nun in der herrlichsten Sonne dahin, immer die
ganze Alpenkette von den Tiroler Bergen bis weit zu
den Berner Alpen alles vollkommen klar. Wir konnten
nicht in die Berner Alpen fligen, da uns sonst bei
einer evt. Notlandung der Nebel gefährlich geworden
wäre. Sogar abends beim Landen haben wir zuerst den
Flugplatz Dübendorf nicht gefunden, weil er und Zürich
vollkommen unter der Nebelschicht lag. Das könnt Ihr
Euch gar nicht vorstellen, wie das ist. Wir waren bis
auf 3000 m Höhe. Dreimal waren wir in Winterthur, um
uns genau über die Flugrichtung nach Dübendorf zu
orientieren. Dreimal war's etwas kitzlig im Flugzeug.
Der gute Herr Gonser hat mich ein bisschen necken
wollen. Einmal glaubte ich, wir stehen auf dem Kopf und
das war ein sehr sehr unangenehmes Gefühl besonder s für
den Magen. Dann hat er einmal das Flugzeug so ca.30

...ein Akrobatik-Flug im Doppeldecker.

45

Tennis war eine grosse Leidenschaft. Eine andere war das Skifahren und das Wandern und natürlich das fasnächtliche Treiben, vor allem in der Täfeli-Clique. Ihre fröhliche Art, ihr gutes Aussehen und ihre stete Bereitschaft, dort mitzuwirken, wo Geselligkeit und Humor ihren Platz hatten, das war das Bild, das die Öffentlichkeit von der jungen Edith und der späteren Künstlerin Ejo hatte. Immer wieder wird sie in späteren Jahren von dieser Zeit sprechen, von dieser humorvollen Zeit, die ihr rückblickend auf die jungen Jahre so reich und voller Lebensfreude in Erinnerung ist.

Humor, Komik, das Lachen waren ihre grossen Themen. «Der Humor», so zitierte sie auch Philosophen, «ist in seiner höchsten Form Lebensweisheit, er ist das Lächeln des Weisen, der über den Dingen dieser Welt steht.» Solche und ähnliche Sätze referierte sie Jahre später in ihren gefragten Humorvorträgen, mit denen sie immer wieder an verschiedene Vereinsanlässe eingeladen wurde. «Ein Mensch ohne Humor kann nicht lieben», notierte sie einmal auf der Rückseite eines ungebrauchten Einzahlungsscheins. Zu dieser Weisheit fand sie allerdings erst, als sie auch Grund genug

60 **Als Bardame an der Fasnacht, 1929.**

61 **Ausgelassenes Treiben.**

FASTNÄCHTLICHES.

DA ISCH ABER E SAUBLÖDI LARVE,
DIE WÜRD' ICH NIE ALEGE!

62 Gäll, du kennsch mi nöd!

63 **Wunschvorstellung: Pianistin Margot und ihre**
    zukünftige «Familie», 1930.

64 **Anfang einer Romanze…**

65 **Der Ausländerclub der Brown, Boveri & Cie. mit netten Damen.**

66 **In der 3. Zugsklasse … ein verliebtes Paar.**

hatte, selbst ernsthaft über die Liebe, Ehe und eine eigene Familie nachzudenken.

Doch wie sie zu diesem neuen Glück fand, das für einmal nichts mit Farben, mit Leinwand und Pinsel zu tun hatte, das ist eine andere Geschichte, und diese beginnt Ende der 1920er-Jahre. Vielleicht ahnte sie damals noch nicht, dass es nicht nur die Leidenschaft für Farben und für Tennisbälle gibt, sondern dass es eine Leidenschaft gibt, die ganz unverhofft auch im Spiel des Lebens Einzug hält, wenn neben Humor und Geselligkeit und Kunst ganz andere, ebenso ernsthafte Gefühle erwachen. Vielleicht wollte sie damals von dieser anderen Leidenschaft noch gar nichts wissen. Wann immer in ihren Briefen das Thema Liebe oder Sexualität auftauchte, dann schob sie die liebe Schwester Margot vor, die offensichtlich an Männern mehr Freude hatte als sie. Fast etwas Kindliches und Beklemmendes kommt hier ans Licht, wenn sie Margots Amouren in lustigen Illustrationen festhält, über ihre eigenen diesbezüglichen Erfahrungen und Wünsche aber nie etwas verlauten lässt. Eine Beklemmung, Scheu oder gar Prüderie, die keineswegs zu ihrem sonst so forschen Auftreten passt, findet sich diesbezüglich in vielen ihrer Briefe.

67 Eric Oppenheim, porträtiert von Ejo, 1933.

68 Bei seiner Morgentoilette als Untermieter.

69 Skistunden unter Freunden, Edith bringt dem zugereisten
Engländer das Skifahren bei.

Und dann kam er – Eric

Irgendwann Ende der 1920er-Jahre ändert
sich in ihrem Leben dann allerdings etwas, was
beinahe so beginnt wie der Dreigroschenroman
vom Bahnhofskiosk. Die Prinzessin, die Badener
Tennisballerina Edith Jonas, die bis anhin aus
erwähnter Schüchternheit oder aus Zeitmangel
nichts von Männerfreundschaften wissen wollte,
erwachte ganz unerwartet aus ihrer Mädchen-
haftigkeit. Ihr Prinz stand plötzlich vor ihr in seiner schicken, weissen Hose und dem Racket in der
Hand. «Hello», sagte er, «I'm John Eric Oppenheim!»
Und das war fürs Erste schon mal genug. Das
Feuer war entfacht. Allerdings war diese Begeg-
nung, wo immer sie in Wirklichkeit stattgefunden
hat, alles andere als zufällig. Man höre! Kann man
sich eine grössere Kupplergemeinschaft vorstellen als einen damals von der Brown, Boveri & Cie.
ins Leben gerufenen Treffpunkt für BBC-Auslän-
der mit Schweizer Damen? Hoppla, da kommt der
Gedanke auf: Man binde, was dann später auch im
Beruf und im Betrieb blühen soll. Die Weltfirma,
die dringend hoch qualifizierte Arbeitskräfte
braucht und sie mit weiblichem Charme auch halten will, hat wohl, wie wir heute belustigt feststellen, also auch Antriebswellen der besondern Art
produziert. Ob da Erfinder Papa Jonas, als Leiter

70 Sohn Eric mit seinen Eltern Sigmund und Elsie Oppenheim
auf Schweizreise, 1910.

des Patentbüros und Schachstratege, damals auch
wieder einen klugen Zug tat und die Dame aufs
richtige Feld brachte? Solches ist nirgendwo festgehalten. Das Feuer der Sinnlichkeit, der Zunei-
gung war entfacht.

John Eric jedenfalls war ein gut aussehender
junger Mann, 1927 aus England eingereist, der als
Diplom-Ingenieur im Patentbüro bei BBC tätig
war. Edith lernte ihn tatsächlich im Tennisclub
kennen. Aus Mr. Oppenheim wurde bald einmal
der «Dear Oppy», wie es in den Briefen steht, die
aus bekannten Schweizer Skigebieten in seiner
Wohnung an der Martinsbergstrasse 28 II eintreffen. Und natürlich sind auch diese Briefe um-
rahmt von herrlichen Karikaturen, die dem «Dear
Oppy» offensichtlich gefallen, denn auch er hat

inzwischen gelernt, dass Humor nicht nur eine Sache des Geistes, sondern auch des Herzens ist. John Eric kommt aus einer Familie, wo Kunst ebenfalls zum Alltag gehörte. Sein Vater, Sigmund Oppenheim, war Pianist und Orchesterleiter. Er war der Gründer der Oppenheim-Musical-Society in London. Schon als 12-Jähriger wurde er als Wunderkind gefeiert, als er unter anderem im tsche-chischen Brünn dem Komponisten Edvard Grieg durch seine besondere Begabung auffiel. Später wanderte er als Musiker nach England aus. Sohn Eric verbrachte also seine Jugendzeit in einem Haus, wo es fast so zu und her ging wie bei den Jonas in Baden. Er strebte aber nie eine musikalische Karriere an. Sein Intellekt zog ihn zur Technik. Er studierte an der Durham Universität, wo er

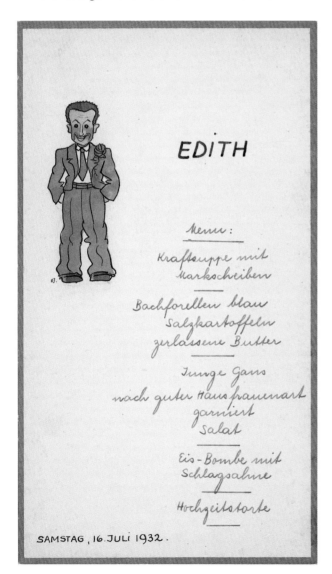

71/72 Handgezeichnete Menükarten für das Hochzeitsmahl vom 6. Juli 1932.

Ein Leben voller Lust und Kreativität

73 **Frank Oppenheim** (*1937).

74 **Roy Oppenheim** (*1940).

75 **Joan Oppenheim** (*1944).

mit dem Diplom eines Bau- und Maschinenbau-Ingenieurs abschloss. 1927 kam er dann zur Firma Brown, Boveri & Cie nach Baden, wo er für englische und amerikanische Patente zuständig war. Und nicht ganz unwichtig: Auch er führt im Koffer ein Tennisracket mit! Aber: «Vom Skifahren hatte er keine Ahnung! Ich nahm mir später viel Zeit, es ihm beizubringen. Das Resultat: Alle englischen Ingenieure bei Brown, Boveri & Cie. meldeten sich danach bei mir für Ski-Unterricht an!», vermeldet Edith in einem Brief nicht ohne Stolz.

Am 7. Juni 1932 wurde geheiratet. Der Trauschein wurde in Baden ausgestellt. Damit begann für die Künstlerin Edith Jonas, die unter diesem Namen bereits an einigen Ausstellungen vertreten war, ein neues Leben als Edith Oppenheim-Jonas. Später betonte sie immer wieder, dass ihr ihre Rolle als Mutter und Ehefrau wichtiger war als die Malerei – «wenigstens vorübergehend, bis die Kinder gross sind», pflegte sie da beizufügen.

Drei Kinder wurden geboren: Frank, 1937, er ist der Älteste und lebt als viel gefragter Dozent und Arzt in den USA. Er hat an der Universität Zürich Zahnheilkunde studiert. Anschliessend hat er in den USA ein weiteres Studium in Biochemie absolviert und ist seit Jahrzehnten Professor und Chairman der Abteilung für Parodontologie und Orale Biologie an der medizinischen/zahnärztlichen Fakultät der Boston University. Bekannt geworden ist Frank Oppenheim durch wegweisende wissenschaftliche Entdeckungen im Bereich der

Kariesforschung und der Parodontologie. Er gehört heute zur ersten Liga auf seinem Forschungsgebiet.

1940 wurde dann der zweite Sohn Roy geboren, der in Wettingen das Lehrerseminar besuchte und dann Kunstgeschichte, Geschichte und Publizistik studierte. Später war er während über zehn Jahren Leiter des Ressorts Kultur am Fernsehen DRS. In dieser Zeit betätigte er sich auch als Publizist und Autor für verschiedene Fernsehsendungen. In den 1990er-Jahren hatte er die Posten des Direktors von Radio Schweiz International und des Direktors Marketing und Kommunikation bei der Generaldirektion SRG inne. Und seit 1999 ist er Leiter Kommunikation bei der SUISA. Er lebt mit seiner Frau Rachela in Lengnau und ist weiterhin als Publizist, aber auch als Maler tätig.

1944 erblickte dann zur grossen Freude von Vater und Mutter auch ein Mädchen, die Tochter Joan, das Licht der Welt. Joan, die ebenfalls schon in jungen Jahren mit Farbstift besser umzugehen wusste als mit Puppen, besuchte nach der Bezirksschule in Baden – natürlich auf Wunsch der Mutter – zuerst einmal die Höhere Töchterschule in Zürich. Nach einer Ausbildung als Werbeassistentin besuchte sie Abendkurse an der Kunstgewerbeschule in Zürich zur Förderung ihrer überaus künstlerischen Begabung. 1969 heiratete sie René Fuchs und trat dann in die Firma ihres Mannes ein. Hier bei der Fuchs-Bänder AG in Baden konnte sich ihr künstlerisches Talent beim Entwerfen und Desi-

gnen von Bändern ganz entfalten. Wie schon Mutter Edith sind auch ihr Tennisspielen, Skifahren und das Arbeiten in der Natur wichtig.

Noch während der Kriegsjahre arbeitete Edith Oppenheim-Jonas weiter bei ihrem Strumpffabrikanten in Zürich. Das Geld, das sie verdiente, sollte später, später, vielleicht, vielleicht doch noch einmal für ein Kunststudium reichen. Doch vorerst herrschte existenzielle Not, und die gab es damals in fast allen Familien, auch im Hause Oppenheim-Jonas. Die Löhne, auch die von Akademikern, lagen in den Jahren der Wirtschaftskrise oft unter dem Existenzminimum. So begann Edith Oppenheim neben den Mutterpflichten, jeweils am Abend, wenn die Kinder schliefen, mit Illustrationen und Karikaturen einen zusätzlichen Haushaltsbatzen zu verdienen, während ihr Mann mit Übersetzungsarbeiten ebenfalls das Familienbudget etwas aufzubessern half. Rückblickend sind Edith diese Abende in besonders guter Erinnerung. Es war diese Zeit, wo die Not auch erfinderisch machte und jede zusätzliche Verdienstmöglichkeit genutzt werden musste. Von diesen stillen und doch arbeitsintensiven Abenden, manchmal bis weit über Mitternacht hinaus, wird sie später immer wieder sprechen. Die Atmosphäre dieses Zusammenhaltens und Sparenmüssens hat die Familie stark gemacht und brachte Edith auf viele gute Ideen. Damals schon, also Jahre vor Papa Moll, erfand sie jene Kinderfiguren, die dann als Ausschnittbögen in die Läden kamen. Es war ein

Herr Anastasi auf der Suche nach Bemba-Strümpfen!

Edith Jonas.

76 **Der Strumpffabrikant bei der Endkontrolle seines Produktes,**
um 1930.

grosser Erfolg, die Spielzeugläden rissen sich um die Vorlagen. Ebenfalls malte sie auf Holz Figuren, schuf Vorlagen für Laubsägearbeiten und Tierzeichnungen. Das Karussell mit Schnurantrieb und auswechselbaren Figuren war besonders gefragt. Dazu kamen Büchlein mit verschiedenen Sujets zum Ausmalen. Spielzeug-Verlage interessierten sich sehr schnell für die Arbeiten von Edith. So lagen diese Lernsachen und Spielzeuge während vieler Jahre als überaus beliebte Weihnachtsgeschenke unter so manchem Christbaum. Und weil nach Weihnachten das neue Jahr kommt, so

77 Ausschnittbogen «Jahrmarkt», Spielzeug für das
   kleine Portemonnaie, 1942.

Ein Leben voller Lust und Kreativität

78 Glückwunschkarte aus einer Kunstkartenserie, 1936.

79 Landesausstellung «Landi», Zürich 1939, letzte Freuden vor Kriegsbeginn.

erfand Edith auch hier wiederum sofort einige Dutzend Sujets für Neujahrskarten, die sie im Auftrag verschiedener Firmen zeichnete. Ganz beliebt waren indessen auch während vieler Jahre die immer wieder neu und überraschend klug und liebevoll gestalteten persönlichen Karten, die von vielen Freunden und Empfängern jeweils erwartet und gesammelt wurden. «Hilf dir selbst, dann hilft dir Gott!» war die Devise, wenn die Zeiten schlecht waren. Auch das eines der vielen Zitate aus ihrer Sammlung, das sie sich diesmal bei Leo Tolstoi entliehen hatte. Edith war zufrieden, auch

in dieser schwierigen Zeit. Wer wo auch immer irgendeine Arbeit hatte, der durfte sich in der Tat glücklich schätzen.

Auch in der Schweiz und besonders bei Brown, Boveri & Cie. sah man besorgt auf die Entwicklung in Deutschland, wo die politischen und wirtschaftlichen Schwierigkeiten eine Verschärfung der nationalen Gegensätze heraufbeschworen. Als 1933 Reichspräsident Hindenburg Hitler als Reichskanzler vorschlug, wurde klar, wie schwach und krisengeschüttelt diese Weimarer Republik war. Hitlers totalitäre Staatsführung im

80 **Abende mit Malen, Lesen und Übersetzen, 1934.**

Familien - Jdyll....

Baden, 28. Sept. 1934.

81 Kostbar und noch nicht rationiert ...! «Nebelspalter»,
1939–1945.

"HEISSWASSER NUR FÜR ABWASCHZWECKE IN DER KÜCHE ERLAUBT."

"NEI, EMIL, S'LANGET HÜT NÜMME FÜR DICH,
I MUESS DA WASSER NO HA FÜR'S GSCHIRR DEMIT
ABZ'WÄSCHE !"

82 Rationierung in allen Belangen, Heisswasser ist nur
für Abwaschzwecke in der Küche gestattet, «Nebelspalter»,
1939–1945.

ZEITGEMÄSSE ERSCHEINUNG.
DIE UNENTSCHLOSSENE FRAU MEIER, DIE NIE
WEISS, WAS SIE FÜR IHRE MÄRKLI KAUFEN SOLL!

83 **Zeitgemässe Erscheinung, «Nebelspalter», 1939–1945.**

KNÜSLI'S EIGENE KARTOFFEL-ERNTE.

"LAURA, HEB PITTI D'HAND ECHLI ABE, DAMIT DIE CHLINE
HÄRDÖPFELI AU UF'S BILD CHÖMET!"

84 Anbauschlacht, «Nebelspalter», 1939–1945.

MENSCH, HABEN WIR
JLÜCK, DIE TUN NUR
DEN JEISTERN WAS!

AUSWEISUNG

Poppi

REKURSLOSE AUSWEISUNG.

Im Kanton Aargau wurde eine Frau «ausge-
wiesen», die schon vor acht Jahren gestorben
ist. (Mitteilung im Nationalrat.)

85 Ausweisung der Geister, «Nebelspalter», 1939–1945.

86 Teilmobilmachung, «Nebelspalter», 1939–1945.

"WA MACHED AU IHR DO BIM ALARM?"
"JO WÜSSET SIE HERR KORPORAL, ICH MUESS MIM BRÜTIGAM
    D'OHRE ZUEHEBE ..... ER CHA EIFACH S'SCHÜSSE NÖD VERTRÄGE!"

87 Verdunkelung, «Nebelspalter», 1939–1945.

WENN JHR WÄNND EN BUNKER BAUE , SO MÜENDER
VILL MEE DRÄCK DRII TUE !

88 **Bunkerbau nicht für die Ewigkeit, «Nebelspalter», 1939–1945.**

wirtschaftlich geschwächten Deutschland führte dann rasch zur neuen, katastrophalen Weltmacht der Nationalsozialisten. Wo Bücher verbrannt wurden, konnte keine Kultur mehr sein. Und das schürte Ängste auch in der Schweiz und nicht nur bei Menschen mit jüdischem Namen. Auf die Arbeitslosigkeit folgte der Krieg. Im September 1939 wurde auch in der Schweiz die erste Mobilmachung beschlossen. Ortswehren wurden gebildet, und für viele Schweizer begann der Aktivdienst. Die immer näher rückende Gefahr eines Einmarsches von Nazi-Deutschland schürte unter den vielen Flüchtlingen Angst. «Das Boot ist voll» – eine schlimme und niederträchtige Aussage in einer Zeit, wo man bereits von der Verfolgung des jüdischen Volkes wusste. Die Fremdenpolizei unter Dr. Heinrich Rothmund hatte sich zu einem gefürchteten Machtinstrument entwickelt. Für viele Flüchtlinge war die Schweiz die einzige Chance, um zu überleben. Zum Glück gab es viele Menschen, die sich für jene einsetzten, die im letzten Moment den Weg über die Grenze gefunden hatten. Eine Frau, von der Edith Oppenheim-Jonas noch lange mit grösstem Respekt sprechen sollte, war die Flüchtlingsmutter Gertrud Kurz. Auch sie war wie Edith mit einem herzerfrischenden Humor gesegnet, und mit einer nicht zu bändigenden Willenskraft wehrte sich diese Frau gegen die fremdenpolizeilichen Entscheide und rettete damit Tausenden von Flüchtlingen das Leben.

Was in Bern und anderswo einigen Couragierten mit Vorträgen, mit Briefen oder mit ihrem politischen Auftreten gelang, das schaffte Edith Oppenheim-Jonas in aller Stille, wenn sie nachts die Zeichenstifte hervorholte. Mit ihren humoristischen Sujets fand sie bald auch offene Türen bei der schweizerischen Satirezeitschrift «Nebelspalter». Diese Zeitschrift hatte sich besonders während der Kriegsjahre zum Ärger der Schweizer Frontisten gegen den Nationalsozialismus und seine Gewaltakte «eingeschossen». Hier mitzutun, das war für Edith ein reizvolles, ein wichtiges, wenn auch nicht sehr lukratives Vergnügen. Man konnte, wenn auch hintergründig, seine Meinung ins Blatt, aufs Papier bringen. Edith war mit ihrem Kürzel Ejo oder mit dem Anonymus Poppi fast in jeder Ausgabe dabei. Die Zeitschrift, in jener Zeit auch Speerspitze der Geistigen Landesverteidigung genannt, hatte damals schon eine Auflage von über 30 000 Exemplaren. Seine Popularität verdankte der «Nebi» dem damaligen Chefredaktor Carl Böckli (Bö) und einem grossen Kreis hervorragender Illustratoren und Satirikern. Edith Oppenheim-Jonas schuf hier während vieler

d'Frau chan am Radio nit emol echli nette Musik lose, wil d'Herre
vo der Schöpfig de ganz Obig sämtlichi in- und usländischi
Nachrichte unbedingt müend g'höre !

89 Radiohören im Krieg, «Nebelspalter», 1939–1945.

Jahre sehr viele Karikaturen und Illustrationen, die vielleicht weniger politisch waren als die Beiträge anderer Mitarbeiter, dafür aber mit der gelungenen Bildsprache, mit den humorvollen Sujets und träfen Spitzen bei den Leserinnen und Lesern bestens ankamen.

Der Krieg war nicht aufzuhalten. Der Rapport auf dem Rütli vom 25. Juli 1940 zeigte die Wehrbereitschaft der Schweiz. In Baden hörte man nachts den Donner der Kanonen, später die Detonationen der von den Alliierten abgeworfenen Bomben. Rationalisierung der Lebensmittel. Marken. Umhängeschilder mit Namen. Berichte über Flüchtlingsströme, über die Verfolgung und Deportation von Juden. Holocaust, der Name «Auschwitz». Alles hing wie der dunkle Schatten eines Ungeheuers über Europa: die Schreckensherrschaft der SS. Die unendlich traurige Zerstörung einer Kultur, wie sie Europa noch nicht erlebt hatte, war Tatsache geworden. Je länger der Krieg dauerte, je lauter Goebbels und Hitlers Hetz- und Propagandareden aus den Radiogeräten ertönten, desto stärker wuchsen auch die Ängste in der Schweiz. Die Familie Oppenheim-Jonas und andere jüdische Familien waren sich wohl bewusst, was geschehen würde, wenn Hitler tatsächlich in die Schweiz einmarschieren würde. Auf Briefe zu Verwandten nach Deutschland kam keine Antwort mehr. Sie waren nicht mehr da, vielleicht schon in Konzentrationslagern, vielleicht war es ihnen auch irgendwie gelungen, den Weg in die USA oder nach Israel zu finden.

Und dann, eines Tages in den 1940er-Jahren, kam das, was die Oppenheims lange befürchtet hatten. Ein Brief vom englischen Konsulat traf ein. Nach der Kapitulation Frankreichs, der bisher auf dem Kontinent führenden Grossmacht, ordnete die englische Regierung die Evakuierung aller in der Schweiz lebenden englischen Staatsbürger an. Auch die Familie Oppenheim hatte die Koffer zu packen, die von der Schweizer Regierung ausgehändigten Namensschilder um den Hals zu hängen. Eine Massnahme, die von den Badener Behörden verordnet worden war, damit im Fall von Bombardierungen verlorene Kinder wieder ihren Eltern zugeführt werden konnten. Die Familien sollten in einem Konvoi über Genf und Frankreich nach England transportiert werden. Die Eltern Eric und Edith mit dem kleinen Frank, die Mutter mit dem zweiten Kind schwanger, packten ihre wenigen Sachen, die mitzunehmen erlaubt waren. Doch schon in Genf endete die Fahrt. Eine Ausreise war nicht mehr möglich. Also ging es vorerst zurück nach Baden. Auch ein zweiter Versuch misslang. Deutschlands Kriegsmaschinerie lief auf Hochtouren. Die so geliebte «Heimat», der Hafen Schweiz, war nicht mehr sicher. Die Koffer blieben gepackt, für jede Ausreise oder Flucht bereit, wohin sie auch führen sollte. Die Familie lebte fortan in ständiger Angst, die Schweiz verlassen zu müssen. Englische und vor allem jüdische Familien wurden vom Konsulat aufgefordert, sich nach einem Fluchtweg umzusehen. «Aber wohin

90 **Auslandhilfe à la PdA, «Nebelspalter», 1939–1945.**

91 **Antilärm-Kampagne der Stadtpolizei Baden, 1952.**

sollten wir gehen? Wir waren eingekesselt. Es war eine schreckliche Zeit!», schreibt sie. Und die Angst spricht aus diesen Briefen, wenn sie aus der Erinnerung Sätze formuliert wie: «Fliehen, ja, aber wohin? Überall sind die Nazis! Wohin?» Später bekennt sie: «Noch heute denke ich dankbar zurück an alle jene, die in der schweren Zeit Unglaubliches für dieses Land leisteten, an jene, die an der Grenze standen und uns eine letzte Hoffnung waren, an die wir uns klammerten.»

Mo moll, Moll – mir göhnd lislig hei

Der Krieg war vorbei. Überall im Land wurden die Kirchenglocken geläutet. Der sogenannte «Sonderfall Schweiz» zeigte sich nicht nur an den hier unversehrten Städten und Dörfern, sondern auch an einer weit verbreiteten Meinung, der Krieg sei nicht zuletzt an der Schweiz vorbeigezogen, weil das Land an seiner Neutralität festgehalten habe. Das Zeitalter der Hochkonjunktur begann, langsam zwar, aber kontinuierlich. Eine wieder grosszügigere Wirtschaftslage brachte mehr Geld in die Lohntüte und damit mehr Lust auf Festivitäten. Es kamen die alten, die guten Gefühle zurück, in Baden, dieser schönsten «Stadt der Freude», leben zu dürfen. Das führte rasch auch zu den üblichen Nebengeräuschen mit negativen Folgen. Die «Nachtschwärmer» waren wieder da, die zu später Stunde mit einigen Bierchen im Bauch nicht eben ruhig durch die engen Gassen zogen. So musste Baden in dieser Zeit der wiedererwachenden «Lebensfreude» eine Lärmschutzkampagne lancieren, weil allzu viele «Nachtgesänge» die Ruhe der Bürgerinnen und Bürger störten. Da war natürlich die «Stadtillustratorin» Edith Oppenheim-Jonas gefragt! Das Resultat ihres Plakatentwurfs war genial: Humorvoll, liebenswert ein später Heimkehrer mit Strohhut, die Schuhe in den Händen, so geht er durch die Strasse. Man glaubt im Bild zu sehen, wie sachte er seine Füsse aufsetzt. Das Hündchen, dem die Pfötchen mit Tüchern umwickelt sind, ist auch dabei. Ohne Zweifel: Diese Plakatidee und ihre Umsetzung waren ein Treffer! Dieses Bild gehört bis heute zu den beliebtesten und bekanntesten Illustrationen der Künstlerin und wurde auch in Japan für eine ähnliche Aktion eingesetzt. Mehr noch: Die Figur, die sich da zu später Stunde leise nach Hause schleicht, sie kündet, was die Physiognomie des Heimkehrers betrifft, schon mal die Geburt des Antihelden Papa Moll an.

„Vater, ist's wahr,

dass man in Baden die Autotüren
zur Nachtzeit niemals schletzt
und dass auch nicht
der „Frühheimkehrer"
vor fremden Fenstern schwätzt?"

Ist es wirklich wahr —
dann vielen Dank!

Stadtpolizei Baden

Tell heute

92 **Flugblatt der Stadtpolizei für die Kampagne gegen Nacht-
ruhestörung und Lärm.**

Helden in verschiedenen Comic-Heftchen gab es zu jener Zeit viele. Auch die Schweiz wurde von Sprechblasengeschichten aus dem Ausland überschwemmt. Doch viele jener Comic-Strips hatten wenig mit Komik zu tun. Der Humor wich immer mehr den Action-Szenen. Wo etwa Märchen für Comics bemüht wurden, da waren sie oft ins Dumm-Groteske verschoben, waren blutlos und erstarrten in technischer Virtuosität. Von «Comic-Strips» oder Humor keine Rede. «Humor aber hat Gemüt, bedeutet Heiterkeit, fröhliche Stimmung», lehrt uns Ejo. Nach Kriegsende tauchten dann auch noch die Horror- und Kriminalcomics auf, und leider hatten auch viele Kinder zu diesen Magazinen Zugang. In einer schweizerischen Lehrerzeitung aus dem Jahr 1968 werden die Comics mit grossen Vorbehalten als Phäno-

men und gleichzeitig als Problem für die Kinder beschrieben. Auch der Zürcher Verleger Johann Rudolf Hug ärgerte sich über die hemmungslose Entwicklung sogenannter Bildergeschichten, die vor aufgezeichneten Gewalttätigkeiten keinen Halt machten. Er hatte 1951 mit grossem Erfolg die Kinderzeitschrift «Junior» ins Leben gerufen. Die Auflage dieses Heftchens wuchs von Jahr zu Jahr. Das Interesse der Jugendlichen war enorm. Die Themen «Wissen und Abenteuer für die Jugend» waren jeweils unterbrochen von erheiternden Comic-Geschichten, etwa von «Jimpy der Zauberlehrling» und anderen.

Eines Tages rief Johann Rudolf Hug Ejo an: Er suche eine Art neuartiger Bildergeschichten als Gegenpol zu den «billigen» Comics. Geschichten, die humorvoll und erzieherisch wertvoll sind, ähnlich jenen des «Globi». Tatsächlich war «Globi» zu jener Zeit bereits eine der populärsten Bilderbuchfiguren der Schweiz. Daneben gab es natürlich noch sehr viele durchaus gute und unterhaltende Serien, wie etwa «Tim und Struppi» des berühmten belgischen Comic-Zeichners Hergé, dessen textliches und bildnerisches Schaffen allerdings, wie Biografen feststellten, von faschistischem Geist geprägt war. Dazu kamen immer mehr Comic-Hefte aus der Werkstatt von Walt Disney ins Land, die Ejo auch nicht mochte. Und natürlich gab es die reich illustrierten Kinderbücher. So vergisst Edith Oppenheim nie zu erwähnen, dass es schon zu ihrer Zeit eine ganze Reihe hervorragender Kinderbuchillustratoren und -illustratorinnen in der Schweiz gab, deren Bücher teils noch heute in den Buchhandlungen und Bibliotheken aufliegen. Doch was Verleger Hug suchte, das waren Bildfolgen, die ohne Sprechblasen, humorvoll gezeichnet und textlich einwandfrei gereimt daherkamen, die den Alltag einer Schweizer Familie samt den Tücken und den Stolpersteinen, die das Leben auch bereithält, aufzeigen. Eine «Prise Erziehung» durfte, seiner Meinung nach, ebenfalls dabei sein. Sie sollte, löffelchenweise verabreicht, auch die ernsthaften Lebensweisheiten aufzeigen und diese mit etwas Humor beleben.

Hug hatte bei seinem Telefonanruf nach Baden ohne Zweifel die richtige Nummer gewählt, das sollte der spätere, grosse Erfolg mit den «Papa Moll»-Serien beweisen. Doch für Ejo ging es vorerst einmal um einen Versuch. Sie skizzierte und skizzierte, und es entstanden viele Figuren, und alle verschwanden sie wieder im Papierkorb, bis «Er» dann endlich da war, geboren, der rundköpfige Glatzkopf mit den fünf abstehenden Härchen! Als Nächstes ging es darum, ihm auch eine Familie zu geben, sie sollte ja im Mittelpunkt der Geschichten stehen. Das Bild sollte sprechen, der Text in seiner Versform ebenfalls erheitern. Wie aber sollte die Dramaturgie der Geschichte funktionieren? Wer und was sollten die Figuren darstellen? Welchen Charakter sollten sie haben? Sollte der Vater oder die Mutter die Hauptrolle spielen? Edith Oppenheim – in allen Moll-Büchern nennt sie sich nach ihrem Mädchennamen immer Edith Jonas – scheint damals gespürt zu haben, dass diese Anfrage von Verleger Hug über die üblichen Illustrationsaufträge hinausging, dass hier etwas entstehen sollte, das wie ein neuer, junger Baum in der schweizerischen Humorlandschaft wachsen könnte. Generalstabsmässig wurde nun die ganze Familie hinzugezogen. Es wurde gezeichnet, gedichtet, verworfen und neu geplant. Immer neue Ideen führten zu immer neuen Szenen und Möglichkeiten der Situationskomik. Wieder kam auch Vater Jonas ins Spiel. Nach seiner Pensionierung im Jahr 1944 war er mit seiner Frau Agnes nach Ascona übersiedelt. Er war und blieb der begabte Verseschmied im Stil von Wilhelm Busch.

DER KÜNSTLER!

93 **Erste Bildergeschichten von Ejo: Der Künstler, 1953.**

Endlich schien für alle klar, wie diese künfti-
gen «Papa Moll»-Bildergeschichten auszusehen
haben. Alle spürten, dass ein gutes Werk seinen
guten Anfang genommen hatte. Edith Oppenheim-Jonas beschreibt den Moment der Geburt
von Papa Moll sehr ausführlich: «Als ich den Auftrag erhielt, eine gute, lustige Comic-Geschichte
ohne Sprechblasen im Bild, aber mit Versen zu er-
finden, dachte ich natürlich sofort an den Alltag,
an die Geschehnisse in der eigenen Familie. Mein
Mann und ich hatten drei lebhafte Kinder, deren
Erziehung – wie bei allen Eltern – hie und da nicht
ganz einfach war. Mein Mann war hier eine grosse
Hilfe: Er hatte einen herrlichen, menschlichen
Humor. Oft löste er eine gespannte Lage durch ein
lustiges Wort, sodass die ganze Familie lachen

94 **Volltreffer, «Nebelspalter», 1951.**

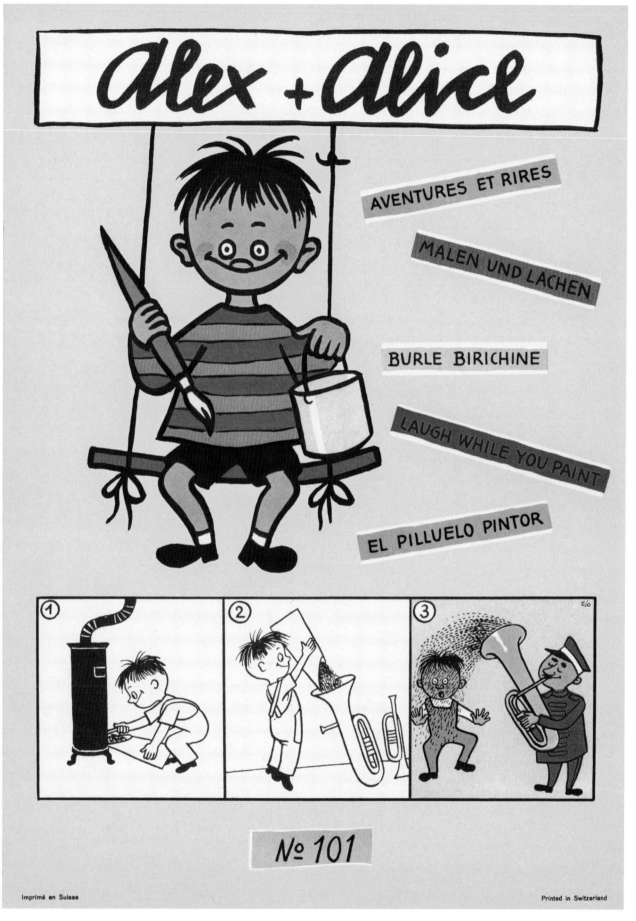

95 Alex + Alice, um 1970.

musste. Aus diesem Grunde fiel mir sofort wieder eine Geschichte ein, welche den kindlichen Lesern Humor vermitteln sollte. Es sollte sie zudem befähigen, auch mal über sich selber zu lachen. So wählte ich als Figur einen liebevollen, das Leben bejahenden Vater, der immer beste Vorsätze hat.»

Natürlich bekam der liebe Comic-Papa bald auch einen Namen. Moll sollte er heissen. Moll,

96 **Ein Vorlagenblatt für verschiedene Moll-Figuren.**

97 **Die erste Ausgabe des «Junior» aus dem Hug-Verlag vom Januar 1953 mit der ersten Papa-Moll-Geschichte.**

ganz nach den Vorgaben der Tonkunst, wo er im Dreiklang das Weiche, das Liebliche und Harmonische bedeutet. Und harmonisch und auch humoristisch sollte er sein: «Mein Papa Moll ist ein herzensguter Vater und Ehemann. Ich dachte tatsächlich an meinen Mann John Eric, auch wenn dieser sehr schlank war und keineswegs Papa Moll glich. Aber auch er hatte als Mensch und Vater bestimmte Grundsätze und Ideale. Er versuchte damit zu leben und seine Kinder zu erziehen.» Edith Oppenheim-Jonas wusste bald sehr genau, welchen Charakter ihr Papa Moll haben sollte, und sie hat ihr ganzes Leben lang daran festgehalten, hat verteidigt, was auch mal von Verlegerseite geändert werden sollte. «Papa Moll ist Papa Moll, und er ist, so wie er ist, einzig!». Nichts durfte zeichnerisch, aber auch thematisch-charakterlich geändert werden. Moll müsse der gutherzige Papa bleiben: «Immer wieder werden seine Vorsätze umgestossen, teils durch äussere Umstände, teils durch unvorhergesehene Einwirkungen, manchmal auch durch eigenes Verschulden. Nicht selten enden seine Vorhaben mit einem unerwarteten Misserfolg, das alles gehört

zu ihm, das macht ihn so menschlich und lieb und sympathisch. Dabei bleibt es!», schreibt sie und lässt es nicht zu, dass daran etwas geändert wird. Auch setzt sie sich immer wieder dafür ein, dass die Versform beibehalten und gepflegt wird. «Das ist sehr wichtig! Ein Kind kann sich mit der Melodik und dem Rhythmus im Vers eine Geschichte viel besser und schneller einprägen als mit einem kurzen Prosatext», hält sie in ihren Briefen an den Verleger fest.

Grundsätze sind gut, aber das Leben spielt nicht immer mit

Nichts begehrte Edith Jonas so sehnlich, als mit dieser Figur das Lachen, den Humor in die Kinderherzen zu tragen. Und der Erfolg sollte ihr recht geben: «Kinder lieben meinen Papa Moll gerade wegen der tragikomischen Erlebnisse.» Zu Papa Moll gehört natürlich Mama Moll, die Kinder Willy, Fritz und Evi und, nicht zuletzt, der Dackel Tschipsy. Edith Jonas hat im Lauf ihres langen Lebens immer wieder Dackel gehabt, die ihr noch im hohen Alter sehr viel bedeuteten. Die Familie kann sich nicht mehr an alle Namen erinnern.

98 **Die Familie Oppenheim in den Badeferien ...**

99 **... und die Familie Moll in Band 1.**

100 Umschlag des ersten Papa-Moll-Bandes in Buchform,
Hug-Verlag, 1967.

Einer hiess natürlich wie sein berühmter Buch-held ebenfalls Tschipsy, der ja in vielen Moll-Geschichten die Hauptrolle spielt. Andere, so erin-nert sich Tochter Joan, hiessen Benga oder Citta. Aber alle nahmen sie im Leben dieser Frau eine wichtige Position ein. So liess sie sich auch immer mit ihren Dackeln fotografieren. «Auch Hunde können lachen», behauptete sie keck, und wer es nicht glaubte, dem zeichnete sie gleich mal ein verschmitztes, schalkhaftes, lachendes Hündchen aufs Papier. Besonders Citta, der kleine Zwerg-dackel, hatte es ihr angetan: «Mit ihr bin ich so richtig auf den Hund gekommen. Sie hat mich sechzehn Jahre lang durch mein Leben begleitet.

Sie kannte mich, sie fühlte meine Gedanken. Unglaublich, was so ein Tierchen alles mitbe-kommt, ich meine, an Stimmungen mitbekommt. Wo immer ich meine Staffelei aufstellte, war sie dabei, beobachtete mich beim Malen; sie gehörte einfach dazu, war bei mir …» Edith Oppenheim-Jonas hatte diese Zeilen als ein trauriges Zurück-schauen auf ihre geliebte Citta niedergeschrieben, nachdem das Hündchen nach schwerer Krankheit gestorben war. «Die Erinnerung an dieses kleine Hundeleben und die damit aufkommenden Fra-gen, wie es überhaupt mit dem eigenen Leben weitergehen soll; dann die Fragen nach dem Sinn des Alterns, des Todes, stehen gross und mächtig

101 **Die Zeichnerin belagert von einer Dackel-Familie.**

EDITH OPPENHEIM-JONAS

CH-5400 ENNETBADEN
RÜTENENWEG 1   TEL. 056 22 54 02

26. Juni 1993.

Mein liebes kleines Dackelhündchen Citta
lebt nicht mehr. Ich fühle mich leer und verlassen.
Seit mehr als 16 Jahren war sie meine treue Freundin
und Begleiterin in allen Lebenslagen. Sie war sehr
intelligent, einfühlend und lieb. Sie war ein kleiner
Zwergdackel, aber ihre Liebe und Anhänglichkeit hatten
nichts mit ihrer Kleinheit zu tun: Alle ihre guten
Eigenschaften waren riesengross! Sie kannte mich
genau und fühlte meine Gedanken. Wenn ich traurig
war, leckte sie mir tröstend die Hand. Unglaublich,
was ein solch kleines Tierchen lernt, aufnimmt und
versteht. Wenn ich hinter geschlossenen Türen zu
meiner Wartefrau sagte:"Ich gehe mit dem Hund spazieren"!,
kam sie aus der hintersten Ecke des Hauses schwanzwedelnd
vor Freude gesprungen oder schossblitzartig aus dem
tiefsten Schlaf auf. Da ich annahm, dass sie meine Worte
"Hund" und "Spazieren" vielleicht im Laufe der Zeit
gelernt hätte, machte ich eine Probe. Ich verabredete
mit meiner Frau, welche Citta ebenfalls sehr gut kannte,
das Wort "Hund Spazieren" nicht mehr zu gebrauchen,
sondern einfach "Wäschetag" zu sagen. Beim ersten
Versuch, alsich dies Wort aussprach, kam Citta sofort
wie gewohnt mit fliegenden Ohren freudig bellend zu
mir gerannt!   Das wiederholte sich nun jedesmal wieder.
Sie hatte wohl meine Worte überhaupt nicht im Kopf _

102 **Abschiedsbrief für Dackel Citta, 1993.**

und unbeantwortet vor mir.» Edith besass ohne Zweifel eine angeborene Tierliebe, für die sie von ihren Vierbeinern immer reich belohnt wurde. So ist es auch nicht verwunderlich, dass mit ihrem früheren Dackel Tschipsy auch eines dieser «Kinder» in fast allen Moll-Geschichten dabei ist. Auch er, in vielen lustigen Hauptrollen ein unverkennbarer Charakter, ein Mitglied der Moll-Sippe. So musste Ejo also nur in den Spiegel ihrer Familie schauen, um das nächste Abenteuer zu zeichnen und zu texten.

Papa Moll und seine Familie waren also geboren! Möglich, dass im Lauf der Jahre der von Verleger Hug geforderte «pädagogische Lerneffekt» immer mehr auch den humoristischen und pointierten Slapstick-Szenen wich, wo lesende Kinder auf lustige Art das stete Scheitern des lie-

ben Papa miterleben und auf ihre Erfahrungen in der eigenen Familie übertragen können. Fängt doch jede einzelne Bilderfolge Szenen aus dem Alltag ein und ist somit ein einziges Plädoyer für eine mit Humor gewürzte Selbsterkenntnis. So wird mit den immer zeitbezogenen Geschehnissen auch stets ein Stück Wirklichkeit für Kinderherzen wahr: «Das ist doch meinem Papa auch schon passiert!» Auf diese Weise entstand «Papa Moll», so liebten ihn Generationen, und so lieben ihn Kinder bis heute und lachen über die tragikomischen Ereignisse und den Übereifer des Helden. Die Moll-Story spiegelt eine allgemein menschliche Erfahrung: Grundsätze sind gut, aber das Leben im Alltag spielt nicht immer mit.

Einer, der sich in seinem Leben seit Jahrzehnten für die Welt der Kinder und damit auch für

Kinderbücher und Comics interessiert und enga-
giert, ist Roger Kaysel, der Leiter des Schweizer
Kindermuseums in Baden. Edith Oppenheim-Jonas besuchte ab und zu die Ausstellungen im Museum und traf dort Kaysel zu Gesprächen. Einmal
war Papa Moll auch Inhalt einer Ausstellung, die
auf überaus reges Interesse stiess. Roger Kaysel erinnert sich: «Wir waren keineswegs überrascht.
Papa Moll ist nun mal eine wichtige Figur im Leben vieler Kinder. Edith Oppenheim-Jonas war ja
auch ohne Zweifel eine aussergewöhnliche Frau,

104 **Rund um den Papa Moll entstanden weitere Bildergeschichten: Papa Moll als Lernspiel LÜK, 1986.**

und aussergewöhnlich war es auch, wie sie es
verstand, von uns kaum beachtete Alltagssitua-
tionen in einer liebenswürdigen, pädagogisch-
menschlichen Komikszene festzuhalten. Es sind
bei ihr die klassischen Events, die passieren, und
dazu gehören natürlich die kleinen Spötteleien –
ein hartes Wort – aber sie gehören nun mal zu uns
Menschen. Der Moll-Humor ist absolut kinderge-
recht, nicht sehr anspruchsvoll, aber in der Konti-
nuität der Geschichten ähnlich faszinierend wie
bei der Globi-Figur. Papa Moll ist bewusst in seiner ureigenen, spezifischen Form gehalten, und
das finde ich sehr gut.»

Im Jahr 1967 liess der Hug-Verlag die Papa-
Moll-Geschichten in Buchform erscheinen, und

22. Nov 1943.

103 **Vater Oppenheim liest vor, 1943.**

BILL UND BETH ALS JONGLEURE

1 Bill und Beth sehn voller Ruh'
dem Jongleur im Zirkus zu.
Keulen, Bälle und auch Teller
wirbeln hoch und immer schneller.

2 Beifall klatscht das Publikum,
der Jongleur verneigt sich stumm.
Bill und Beth hier mit Entzücken
sich nach den drei Keulen bücken.

3 Beth versucht das Keulenschwingen,
doch es will ihr nicht gelingen.
«AU!» schreit sie vor lauter Weh,
denn sie traf die grosse Zeh'!

4 Bill, der überlegen blickt,
sagt, sie sei sehr ungeschickt.
«Pass gut auf», meint er und lacht,
«ich zeig dir, wie man das macht!»

5 Bill wirft elegant und weise
alle Keulen hoch im Kreise,
wo sie wirbelnd um ihn schweben . . .
Beth staunt nur und steht daneben.

6 Da sich Bill ein wenig kehrt,
wird der Kreislauf leicht gestört.
PENG! – es saust die schwere Keule –
Bill kriegt eine grosse Beule!

105 «Bill und Beth», eine weitere Bildergeschichte in der Jugend-
Zeitschrift «Spatz», 1966.

bereits 1974 erwarb der Globi-Verlag die Buchrechte. Fortan erschienen die einzelnen Bildgeschichten im «Junior»-Heft des Hug-Verlags, die
Bücher hingegen im Globi Verlag. Auch der deutsche LÜK-Verlag hatte sich Papa-Moll-Geschichten
für seine Westermann-Lernspiele geholt. Im Jahr
1965 versuchte Edith Oppenheim mit neuen, zusätzlichen Bildergeschichten an den Erfolg der
Moll-Bücher anzuknüpfen. «Bill und Beth», zwei
Kinder, ähnlich wie Willy und Evi, sind ebenfalls
auf Abenteuer aus. Davon erschienen 66 Bildfolgen in Zeitungen und Zeitschriften und ebenfalls
ein Buch. Es kam auch «Theodor der Blöffer» als
Kurzcomic in die Zeitungen, und auch die nase-
weise «Susy» wurde als neue Oppenheim-Figur
bekannt. Doch die neuen Bildergeschichten konnten nicht an den Erfolg von «Papa Moll» anknüp-

fen. So wechselten positive Phasen mit Zeiten des
Suchens und Fragens. An Ideen fehlte es dieser
Künstlerin nie. Immer mehr Firmen suchten nach
ähnlichen Werbefiguren, wie Moll auch eine hätte
sein können, was Edith aber nicht wollte. Auch
eine Anfrage des «Junior»-Verlags, für den «Sup-
pen-Knorrli» Moll ähnliche Bildergeschichten zu
schreiben, lehnte sie ab. Auch «Tobias Tüpfli» hatte in der Firmenzeitung von Brown, Boveri & Cie.
nur ein kurzes Leben. Aber kleine Erfinder, kleine
Detektive, kleine Reporter lebten als immer wieder verworfene Ideenskizzen auf dem Papier. Möglich, dass Edith Oppenheim in dieser Zeit ihre Mutterpflichten ganz entschieden in den Vordergrund
stellte und dass ihr die Zeit und damit die künstlerische Intensität für zusätzliche Bildergeschichten – neben Moll – ganz einfach fehlte.

Die Moll-Erfolgsgeschichte verbreitete sich
dann sehr schnell über die Schweizer Grenzen
hinaus und dauert bis heute an. Längst gibt es
auch die Moll-Malbücher, die Hörspiel-Kassetten,
den Moll-Schwarzpeter, die Moll-Anstecker und
Moll-Kaffeerahmdeckeli, Kindertaschen und Lern-
spiele für eine neue Schulpraxis. Glücklich war sie
auch, als sie eines Tages ganz zufällig im Radio in
einer Sendung für Volksmusik den «Papa-Moll-
Walzer» hörte. «Tönt sehr nett!», war ihr Kommentar. Der Markt hatte Papa Moll entdeckt, und
Mama Moll, Edith Oppenheim-Jonas, war in ihrem
Transformatorenhäuschen in der Badener Burghalde mit Herz, Kopf und Händen gefordert.

THEODOR der Blöffer

1) Voll Hochmut ist der Theodor
Faul liegt er gerne auf dem Ohr.
Ein Wort hat stets er im Gebrauch:
«Was andre können, kann ich auch!»

2) Doch Not zwingt Theo zum Verdienen
Drum bietet er mit frechen Mienen
Dem Meister an Gerüst und Kran
sich als perfekten Maurer an!

3) Der Meister fragt, ob mit Zement
Sachkundig Theo umgehn könnt'?
Der Theo schlägt sich auf die Brust:
«Ganz prima» sagt er selbstbewusst.

4) Der Meister ist nicht abgeneigt.
Dem Theo er die Arbeit zeigt.
Doch Theo, der so kühn gelogen
Wirft den Zement zu hoch im Bogen...

17

106 «Theodor der Blöffer» aus der «Junior»-Zeitschrift,
Januar 1956.

"UND SOWAS SOLL EIN GENUSS SEIN?"

107 Die vorlaute, altkluge Susy, 1979.

Im Lauf der Jahrzehnte gab es natürlich auch Diskussionen über die Modernität der Familie Moll. Mama Moll musste auf Wunsch des Verlegers abspecken und bekam eine neue Frisur. Doch es hagelte Leserbriefe: «Lasst uns unsere Moll-Familie, wie sie ist!» Edith Jonas überlegte nicht lange. Sie zeichnete sofort eine neue Geschichte, in der sie aufzeigte, wieso Mama Moll an Kilos verloren hatte. Doch die Protestwelle der Moll-Leserinnen und -Leser liess nicht nach. Also machte sie alles wieder rückgängig und zeichnete fortan wieder die gewünschte traditionelle Mama Moll mit grossem Busen, was ihr nur recht sein konnte. Doch Jahre später fallen sie dann doch, die modischen Entscheide. Zwar zwingt niemand Mama Moll auf den Laufsteg, doch die Dynamik der modernen Konsumgesellschaft hält auch in die Welt der Familie Moll Einzug. Evi trägt jetzt Jeans, Mama Moll erscheint im eleganten Hosenanzug. Einzig für Papa Moll gibt es keine Frischzellen-Kur. Dieser Papa ist in seiner liebenswerten Art mit dem etwas seltsam biederen und tollpatschigen Aussehen schlichtweg nicht zu modernisieren, wohl weil mit einer Veränderung die tiefe charakteristische und inhaltliche Form der Geschichten nicht mehr stimmen würde. In den ersten Jahren hatte ihr noch Vater Julius Jonas mit Verseschreiben zur Seite gestanden. In den folgenden 30 Jahren gestaltete und textete sie dann aber Bilder und Verse im Alleingang. Eine enorme Arbeit. Sie beglückte Kinderherzen und Eltern, die Moll und seiner Familie mit ihrem Erzählen und Vorlesen ein Zuhause im eigenen familiären Alltag gaben. Erst in den 1980er-Jahren übergibt sie das Illustrieren nach

108 **Ejo am Zeichentisch, eine Moll-Szene entsteht.**

109 **Band 7, ein Gemeinschaftswerk von Ejo, Joan Fuchs-Oppenheim und Roy Oppenheim aus Anlass des 700-Jahr-Jubiläums der Schweiz, Globi Verlag, 1991.**

und nach in neue, jüngere Hände. Vor allem Sohn Roy und Tochter Joan nehmen sich nun vermehrt der Bildergeschichten und der Zusammenarbeit mit dem Verlag an. Roy und Joan zeichnen, Schwiegertochter Rachela textet, und im Lauf der Jahre finden auch andere Gestalterinnen und Verseschmiede, so vor allem Globi-Zeichner Peter Heinzer sowie für die jüngeren Bände C. und R. Volery-Schroff und Peter Krisp, zur Moll-Familie. Doch nichts, was nicht ganz Moll-gerecht war, entging der nun mehrheitlich mit Malen beschäftigten «Frau Moll» in ihrem Badener Atelier. Jener Vers reimte sich nicht, jene Szene passte nicht zu Moll, oder solche Streiche hätten Evi & Co. nie ausgeheckt. Nicht selten gab es diesbezüglich Telefonate nach Zürich, oder es wurde schriftlich festgehalten, was

ihr nicht passte am dortigen Gestalten. Bis ins hohe Alter beobachtete sie als fürsorgliche Mutter ihre «Moll-Familie». Ihr Credo zu den geschaffenen Figuren blieb immer gleich. Wer ist Papa Moll? Edith Jonas hatte die Antwort schon zu Beginn der erfolgreichen Bildergeschichten gegeben:

> Hier steht unser Papa Moll,
> Er will gut und liebevoll
> Stets in redlichem Bemühen
> Seine Kinder nett erziehen.
> Doch die Tücke unseres Lebens
> Macht sein Streben oft vergebens.

Die Eltern Jonas waren nach Ascona gezogen, und Ediths Mann John Eric hatte eine verant-

NICHT NUR TADELN , — AUCH LOBEN !

110 **Thema Lehrlingserziehung, Brown Boveri Hauszeitung.**

wortungsvolle Position bei Brown, Boveri & Cie. Doch Edith wäre nicht die Künstlerin, die sie war, mutig, reich an Ideen, wenn sie nicht auch neben den hausfraulichen und mütterlichen Pflichten zu neuen, künstlerischen Arbeiten gefunden hätte. Längst hatte sie sich ja auch einen Namen als bildende Künstlerin gemacht. Zahlreiche Ausstellungen mit ihren Porträts und Landschaftsbildern hatte sie schon hinter sich, neue sollten folgen. Sie war nicht nur Malerin, Illustratorin und Karikaturistin, sie war auch eine stark emanzipierte Frau, voller Initiative und Schaffensdrang. Sie sprach in ihren Vorträgen, die manchmal die «Kunst» und manchmal den «Humor» zum Inhalt hatten, über Familie und Erziehung. Nirgendwo gebe es so viele Möglichkeiten, heiter zu sein, wie etwa in der Ge-

meinschaft der Familie, sagte sie, und proklamierte Humor gar als wichtige Erziehungshilfe, was die heutige Pädagogik ja nun auch wieder neu meint entdecken und fördern zu müssen.

Vom lauten Lachen zum weisen Lächeln

Wichtiger als die Molls war Edith Oppenheim nach dem Krieg wohl die reale, ihre eigene Familie. Damals drehten sich die Gespräche um die schulische Entwicklung der Kinder, um die Krankheit der Mutter, um das Leiden des Vaters, der sich in Ascona nicht sehr wohl fühlte, weil ihm unter anderem die Badener Schachfreunde fehlten. Die Zeit der Familie war gekommen. Edith hatte ja eine – wie sie immer wieder betonte – überaus schöne Kindheit gehabt, wenn auch gewisse Möglichkeiten und Freiheiten durch den Willen des dominanten Vaters manchmal eingeschränkt waren, wie das Beispiel der freien Berufswahl zeigt. Auch die eigenen Kinder, die nun ohne die Gefahren eines Kriegs, ohne die jahrelangen Ängste, mit denen ihre Eltern umzugehen hatten, aufwachsen konnten, waren schon sehr früh lebhaft, neugierig und selbstbewusst, vielleicht sogar, wie Ejo einmal notiert, «etwas eigensinnig». Woher sie das wohl haben, fragt sich da der Biograf. Nun, bei Oppenheims in Baden kam es bald einmal zu Veränderungen. In Ascona starb 1953 Mutter Agnes, was Edith fast verzweifeln liess, weil sie nun ihren Vater fern und allein wusste. Mit Gefühlen der Trauer umzugehen, das war neu für diese Tochter. Und als nur wenige Jahre später, 1958, auch der bewunderte und geliebte Papa Jonas starb, da stürzte sie sich, wie ihre Kinder sich erinnern, in einen wahren Malrausch. Nächtelang stand sie vor der Staffelei, malte, skizzierte und versuchte neue Ideen umzusetzen. Malen war in dieser Zeit Trauerarbeit. Doch gewisse Veränderungen, auch menschliche und soziale, gehen ja nicht immer in spürbaren Stufen vor sich, sondern vollziehen sich kontinuierlich und manchmal fast unmerklich. So war diese Edith zwar noch immer die humorvolle, die gesellschaftlich engagierte und für das politische Geschehen neugierige Frau und Mutter, doch in ihrem Leben war eine neue Verantwortung dazugekommen: die Verantwortung für ihre Kinder und

111 **Papa Jonas konzentriert beim Schachspiel.**

deren Zukunft. Das laute Lachen wich einem weisen Lächeln.

Bei Edith Jonas begannen diese Veränderungen schon kurz nach dem Krieg. In Baden, wo die Familie längst eine «Heimat» und ein sicheres Zuhause hatte, wo Ehemann John Eric bei der BBC seinem Beruf nachging, nahmen die gesellschaftlichen Verpflichtungen zu. Die Künstlerin Ejo hatte inzwischen mit ihrem «Papa Moll» und den im «Nebelspalter» und in verschiedenen Zeitschriften und Firmenzeitungen erscheinenden Illustrationen den Ruf einer profilierten Humor-Zeichnerin. Es gab sie schon damals, die für den Buchhandel

PAPALI hat en neues Schachproblem aufgegeben !!

Liebes Papali ! ♥

Wir wünschen Dir von ganzem Herzen

Alles Gute und Schöne zum Geburtstag.

Deine Dich liebenden

Edith u. Eric .

112 **Julius Jonas als Schachspieler: Das Schachproblem.**

113 **Damentausch.**

wichtigen und beliebten Bestsellerlisten. Nach «Globi» kam «Papa Moll», und dann erst die Belletristik. Papa Moll hatte als Comic bei den Kindern endgültig seinen Platz gefunden. Edith Oppenheim-Jonas arbeitete aber neben ihrem Engagement für die Familie auch viel für die Werbung. So entstanden lustige Illustrationen für Kraftnahrung, etwa für Dr. Wanders Ovomaltine und für viele andere. Sie illustrierte Weinetiketten, weil es ja Menschen geben soll, die den Wein auf Grund der schönen Etikette einkaufen. Der Endinger «Hörnlibuck» jedenfalls soll mit ihrer Etiketten-Zeichnung ein besonders gefragter Jahrgang gewesen sein. Vom Wein dann zum Blaukreuz-Verlag, für den sie verschiedene Bücher illustrierte. In ihrem künstlerischen Empfinden war da für Edith Oppenheim-Jonas kein Unterschied. Beide

Auftraggeber fanden trotz den ethisch und idealistisch kaum zu vereinbarenden Zielen bei Ejo die gleiche Aufmerksamkeit. Und besonders gern illustrierte sie Bücher, wo auch satirische Gedanken und Geschichten dem Alltag seine Heiterkeit gaben, so etwa das Büchlein «Der Raub des Schneemannes» des Badener Arztes Walter Hess.

Auch in der Familie Oppenheim gab es die stresslosen «Auszeiten». Der Sonntag war jeweils Familientag. Da gab es die von den Kindern so «heiss geliebten» Spaziergänge, die man unternahm, um zu sehen und gesehen zu werden. Eines Samstags erschien in der Literatur- und Kunstbeilage der «Neuen Zürcher Zeitung» die kleine Erzählung «Die Dohle» von Hermann Hesse. Das Blatt erinnerte damit an den 75. Geburtstag des Dichters. Die Geschichte spielt in Baden. Und so

114 Weinetikette für den Endinger Hörnlibuck aus dem
     Rebberg von Dr. Karl Weibel, 1972.

115 Neujahrskarte 1972.

Baden, 22. Sept. 1952.

Sehr geehrter Herr Hesse!

Beiliegenden Brief
schrieb ich Ihnen impulsiv
im Dezember letzten Jahres
nach unserem hübschen
Dohlen-Erlebnis, doch hatte
ich irgendwelche Hemmungen,
ihn abzusenden. Und so
lag er nun fast ein Jahr
bei mir im Schrank.
Anlässlich Ihrer Gedächtnis-Ausstellung sehe
ich, dass nun ein illustriertes Buch über

116/117 **Die Dohle von Hermann Hesse mit dem nicht abgeschick-
ten Brief an den Dichter, 1952.**

schwenkten natürlich auch die Oppenheims an-
derntags beim sonntäglichen Spazieren auf die in
Hesses Erzählung erwähnte Bäderbrücke ein. Man
sah viele weisse Möwen. Eine Dohle war nicht dabei. Doch jetzt nahte ein Mann mit breit gerän-
dertem Hut. Er warf Brosamen über die Brücke,
nach denen ein Schwarm von Möwen sofort mit
lautem Gekreische pickte. Und dann, plötzlich, sahen sie den schwarzen Vogel, der zum weissen Ge-
fieder hinzugekommen war: Es war Hesses Dohle!

Und der Mann, der die Brosamen streute, war niemand anders als der Dichter selbst, der wieder mal zur Kur in Baden weilte. Wieder daheim, griff Edith sofort zum Bleistift und zeichnete die Szene. Sie schrieb Hermann Hesse einen sehr netten Brief, legte die Zeichnung dazu. Getraute sich dann aber doch nicht, dem Dichter das kleine Kunstwerk zu schicken.

Ohne Zweifel durfte Edith Oppenheim-Jonas damals schon sehr stolz sein auf ihre künstlerischen Erfolge. Aber neu wuchs nun im Rahmen ihrer mütterlichen Pflichten auch das Interesse an den Rechten der Frau, der Hausfrau, die in ihren Augen durchaus noch die Chance haben sollte, sich nebst der Erziehung ihrer Kinder auch beruflich zu engagieren. Als im März 1957 die Walliser Gemeinde Unterbäch Schweizer Geschichte schrieb, weil dort die Frauen als Erste in der Schweiz zur Abstimmung an die Urne gingen, da war sie mit vollem Einsatz unter jenen zu finden, die sich überall im Land für die Gleichberechtigung der Frau stark machten. Die Forderungen nach einer vernünftigen Gleichstellungspolitik unterstrich sie in den folgenden Jahren mit ihrer Teilnahme an Versammlungen und Kundgebungen. Aktiv arbeitete sie in Komitees für das Frauenstimmrecht mit, so nahm sie immer an den Delegiertenversammlungen der aargauischen Frauenzentrale teil. Als im Jahr 1976 ihre beste Freundin und Vertraute Alice Renold sie um die Teilnahme am neu zu gründenden BPW-Club Baden (Busi-

Wir lassen unsern Aargau nicht verdorren !

118 Kampagne für das Aargauer Kulturgesetz 1968, Inserat.

Wir stimmen und wählen!

EINE KURZE ANLEITUNG FÜR ABSTIMMUNGEN UND WAHLEN IN DER EIDGENOSSENSCHAFT IM AARGAU UND IN DEN GEMEINDEN

HERAUSGEGEBEN VON DER AARG. FRAUENZENTRALE

119 Broschüre der Frauenzentrale als Anleitung für die erstmals stimmberechtigten Frauen.

Scho wieder Härdöpfel!
Il y aura encore des PATATES

Uhh die toll Schabe
Hé toi ! à ce soir?

120/121 **Postkartengrüsse aus dem Militärdienst, beliebt bis heute.**

ness and Professional Women) bat, sagte sie spontan und mit Freude zu und wurde zu dessen Mitbegründerin. Mit Zeichenstift und Pinsel konnte sie sich immer wieder an den Clubaktivitäten beteiligen. Sie genoss es aus tiefster Überzeugung, die Ideen und Projekte des BPW und die dahinterstehenden Frauen tatkräftig zu unterstützen. Allerdings wehrte sie sich heftig dagegen, als Feministin bezeichnet zu werden. Feministinnen waren ihr immer zu aggressiv, zu fanatisch und überspannt, das lehnte sie total ab.

Auch im Aargau hatte 1966 die Regierung – auf Antrag von Kurt Lareida, dem damaligen Grossrat und Redaktor – eine Vorlage ausgearbeitet, die den Frauen das Stimmrecht gewähren sollte. Zur Kunst kam nun in der Familie Oppenheim also auch noch die Politik! Edith Oppenheim-Jonas vertrat seit jeher die Meinung, dass Frauen nebst

Haushalt und Kindererziehung einer weiteren Berufstätigkeit nachgehen sollten. Als Künstlerin konnte sie dazu immer nur Ja sagen, allerdings immer mit dem Nebensatz: «Aber die mütterlichen Pflichten gehen vor!» Es sollte dann noch einige Jahre dauern, bis sich Bund und Kantone den kirchlichen Behörden anschlossen und sich endgültig zur totalen Einführung des Frauenstimmrechts bekannten. Doch bis ins Alter beschäftigte Edith Oppenheim, die sich vor ihrer Heirat kaum je mit gesellschaftspolitischen Fragen auseinandergesetzt hatte, das Verhältnis von Frau und Familie. Sie schuf für verschiedene Organisationen, für Frauen-, Mütter- und Konsumentinnenforen, Werbeplakate und illustrierte Prospekte, wurde zu einer engagierten Verfechterin für eine bessere Stellung der Frau. Und nicht selten hagelte es bitterböse Kommentare im sonst friedlichen Oppenheim-Haushalt, wenn in Bern gewisse Damen und Herren wieder mal nicht so stimmten, wie sie meinte, dass es richtig gewesen wäre. Sie blieb aber auch dem lokalen Geschehen treu, schuf etwa Plakate für den Badener Missionsbazar, für den Krippenbazar, oder sie illustrierte Einladungen und Broschüren für das Städtische Krankenhaus.

Als sie 1958 für die SAFFA (Schweizerische Ausstellung für Frauenarbeit) vom Kanton Aargau den Auftrag erhielt, die künstlerische Gestaltung des Pavillons «Haus der Kantone» zu übernehmen,

122/123 **Zwei Ausstellungswände aus dem Pavillon «Männer und Hobbys» des Kantons Aargau anlässlich der Schweizerischen Ausstellung für Frauenarbeit, SAFFA 1958.**

erfüllte sie das mit grossem Stolz. An der SAFFA 58 zeigte sie dann zum Thema «Wie wirkt das Hobby des Mannes auf die Frau?» auf übergrossen Tafeln mit trefflich gezeigten Darstellungen das etwas eigennützige Freizeitverhalten des Mannes.

Unterdessen mussten auch ihre erwachsenen Söhne das «Grüne Gwändli» überziehen. Sie zeigte sich hier als eine echte «Mutter Helvetia» und lobte die beiden für ihre militärische Karriere. War sie doch ein Leben lang voller Dankbarkeit dafür, dass sie in der Schweiz den Krieg heil überlebt hatte. Gleichzeitig machte es ihr ungeheuren Spass, das Militär karikaturistisch auf die Schippe zu nehmen. Herrliche Militärpostkarten hatten in manchen Armeekasernen die Lacher auf ihrer Seite. Jahre nach dem Krieg, 1955, wurde die Familie Oppenheim in Baden eingebürgert. Heimat war ihr Baden und der Aargau schon lange, doch mit diesem Bürgerbrief wurde eine tiefe Sehnsucht befriedigt. Einbürgerungen waren auch damals keine einfache Sache. Doch die Oppenheims hatten mit dem damaligen Badener Nationalrat und Rechtsanwalt August Schirmer einen wahren «Schirmherrn» auf ihrer Seite, der sich aktiv für die Nöte vieler Immigranten einsetzte.

Die Jahre der engen Beziehung zwischen Mutter Edith und ihren Kindern waren von intensivem Mitgehen und Mittragen gezeichnet. Während Vater John Eric in seiner englischen, eleganten, humoristischen und ruhigen Art aufkommenden Gewitterstimmungen jeweils gelassen entgegensah, konnte Mutter Edith manchmal über Bagatellen recht in Rage kommen, wie Tochter Joan sich erinnert. Eines von Ediths Zitaten, «Der Genuss des Humors setzt höchste geistige Freiheit voraus», kam dann auch bei der grossen Humor-Verkünderin erst nach heftiger «Chropfleerete» wieder zur Anwendung. Immerhin muss ja auch ihr bewusst gewesen sein, dass der künstlerische Prozess, dieses Sich-in-die-«andere»-Welt-Begeben, das Alltagsleben stört, die Nächsten vielleicht gar verletzt, weil man sich absetzt, im und beim Malen oder Illustrieren. Kunst machen, das heisst ja auch, sich ent-grenzen im Sehen, Empfinden oder Denken. Umso erstaunlicher, wie Edith Oppenheim-Jonas es in ihren öffentlichen Humorvorträgen immer

124 **Porträt von Rechtsanwalt und Nationalrat August Schirmer, der sich für die Immigranten einsetzte.**

wieder schaffte, auch Erziehungsfragen einzublenden. Das tat sie mit voller pädagogischer Überzeugung. Immerhin war sie Mutter von drei Kindern. In der eigenen Familie lief alles bestens, also durfte man schon da oder dort mit Ratschlägen aufwarten.

So jedenfalls sah sie es, und so, wie sie es sah, war es natürlich «meistens» richtig. Dass sie in Sachen Berufswahl ihrer künstlerisch ebenfalls sehr begabten Tochter Joan das Kunststudium erstmal «ausredete» und ihr die Handelsschule «empfahl», das erinnert doch sehr an das patriarchalische Machtwort des Vaters in den 1920er-Jahren. Doch Welten fielen auch bei diesem elterlichen Entscheid nicht zusammen. «Humor ist das Ventil für Überdruck», referierte sie in solchen Fällen in der Familie und in ihren Vorträgen, und kam dort dann jeweils von den erzieherischen Werten gleich auch noch auf die Fasnacht und die Narrenfreiheit zu sprechen. Dass sie manchmal auch noch die Religion, das heisst den Glauben an Gott, als positives Element des Trostes erwähnte, mag auf Briefe, Bücher, Besuche und Kartengrüsse eines nahen Verwandten ihrer Mutter zurückzuführen sein. Dr. Urbanus Bomm, Abt und Kantor zu Maria Laach (einem Benediktinerkloster in der Nähe der Heimatgemeinde von Mutter Agnes), war einer der wenigen Verwandten aus dem Kreis ihrer Familie mütterlicherseits, der den Kontakt zur Familie Jonas pflegte und der später auch in freundschaftlicher Verbundenheit mit den Oppen-

heims korrespondierte. Natürlich zog es den hohen Geistlichen immer wieder mal zu Edith Oppenheim, weil er selbst ein nicht ganz unbegabter Zeichner war, der sich in Baden gerne die durchaus profane Meinung zu seiner Kunst sagen liess. In solchen Momenten drängte sich die geschichtsträchtige Vergangenheit in die Gegenwart der Badener Familie Oppenheim.

Die Liebe zu ihrem Mann, zu den Kindern – zum Hundchen – und zur Schwester Margot stand immer an vorderster Stelle bei Edith Oppenheim. Keineswegs ungewöhnlich ist es, dass mit den Jahren nun in ihren Briefen nicht nur über Werte und Unwerte in der Kunst geschrieben wird, sondern dass zunehmend auch die Schilderung von Krankheiten (und wie man sie heilen kann!) auftaucht. Sie selbst klagt über schmerzhafte Arthrosen in Knien und Schultern, dann wieder sind es die Nackenwirbel. In den Praxen der Familien-

125 **Spitalbesuch, Ausschnitt aus einer Besucheranleitung des Kantonsspitals Baden, 1960.**

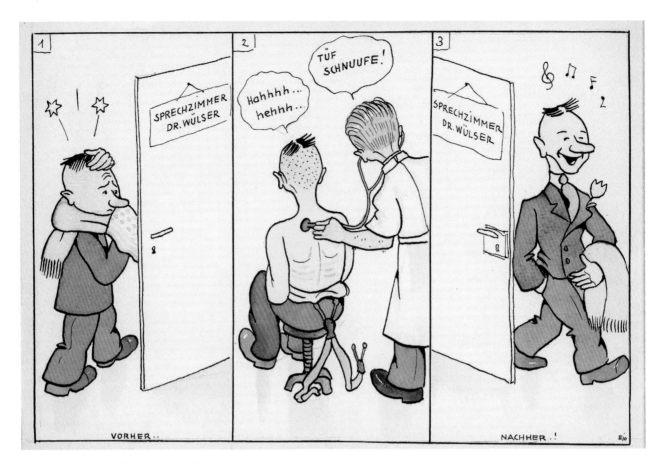

126 **Vorher–nachher: Illustration aus dem Sprechzimmer**
von Dr. med. FMH Ernst Wülser.

ärzte Dr. Ernst Wülser und Dr. Guido Probst hingen nicht nur lustige Illustrationen von ihrer Patientin. Die Ärzte führten auch anschauliche Dossiers über die Krankengeschichte ihrer Patientin und über Medikamente und Wundermittelchen, die sie Frau Oppenheim verschrieben. Und da Mama Edith ihren Nächsten selbst gern allerlei Heilmittel empfahl, fanden sich in ihrer Stube ganze Bücherregale mit medizinischer Fachliteratur, dazu eine Sammlung ärztlicher Empfehlungen, Informationen und Ratschläge. Die Heilquelle, auch für das eigene Wohlergehen, sprudelte sozusagen im eigenen Haus. Aber im Mittelpunkt stand immer die Sorge um die Gesundheit ihrer Kinder. Sohn Frank, der in den USA lebt und manchmal etwas Atembeschwerden hat, schickte sie als Schokolade deklarierte Nasensalbe und andere Medikamente, als hätte er, der Arzt, diese nicht auch in Amerika kaufen können.

Sie zeigte sich auch sehr über «Zuckungen» bei Schwester Margot besorgt und schimpfte über den Arzt, der ihr «Halcion» und «Melleril» verschrieben hatte, was doch ein totaler Unsinn sei. War sie doch fest davon überzeugt, dass die liebe Schwester an Parkinson litt und also genau die falschen Tabletten einnahm. Die gute Schwester starb dann allerdings viel später friedlich, ohne jegliche Anzeichen von Parkinson. In dieser Zeit der zunehmenden Krankheitsschübe steht auch wieder eine Ausstellung an. Ejo leidet an einer schmerzhaften Arthrose-Attacke, und Tochter Joan muss für sie die Bilder hängen. An Schwägerin Rosel schreibt sie: «Ich kam mir wie eine 90jährige vor, sass im Stuhl und gab von hier aus meine Anweisungen und meinen Senf dazu. Es ist im Moment alles zuviel für mich. Ich habe schon wieder drei Kilos zugenommen! Abnehmen ist aber im Moment ein-

127 Geburtstagskarte an Dr. med. FMH Guido Probst.

fach unmöglich. Ich lege dir noch eine Packung von den herrlichen Badener Chräbeli bei. Du musst sie nur in den Kaffee tunken, dann sind sie viel weicher und geniessbar!»

So gingen die Briefe hin und her, und wenn darin oft von Rheuma und Zuckungen und Nasenbeschwerden die Rede ist, kommt sie dann aber doch immer wieder auf die Kunst zu sprechen, auf die Ausstellungen und den Erfolg mit dem Verkauf ihrer Bilder und den Kinderporträts, die sie im Auftrag vieler Eltern macht. Als die eigenen drei Kinder dann selbst Ehen eingingen und die Nestwärme anderswo suchten, zogen Edith und John Eric Oppenheim von der Badener Burghalde nach Ennetbaden an den Rütenenweg, wo ihr Mann dann allerdings 1975, nur drei Jahre nach seiner Spätpensionierung, starb. Für Mutter Edith begann nun die Zeit des Alleinseins. Eine grosse Freude war ihr die Geburt ihres Enkels Harry. Damit bekam die Zukunft wieder einen Namen. So stürzte sie sich voller Schaffensdrang in die Arbeit. Wieder war sie täglich in ihrem Transformatorenhäuschen und malte und malte und hoffte, in ihrer Arbeit die verlorene Wärme und in den Farben das Licht ihres geliebten Mannes zu finden. Das Sterben ist nun mal ein schmerzhaftes Geheimnis zwischen Schöpfer und Geschöpf. Das Verlöschen des Lebens ihres Mannes, dem sie so viel verdankte und der immer der ruhige, besinnliche Pol in dieser ehelichen Beziehung gewesen war, muss sie sehr hart getroffen haben. Da erinnern wir uns an ein paar Zeilen von Georg Trakl:

Ein Herz erlischt – und sacht
Die Nebel fluten und steigen –
Schweigen, Schweigen! –

Die Stille suchen

Solch plötzliche Stille, solches Schweigen liessen wohl auch Edith Oppenheim-Jonas vermehrt über das Vergängliche nachdenken. Wie von meditativen Kräften angezogen, fand sie nun den Ausgleich vermehrt wieder in der Natur. Doch es waren nicht mehr die grossen Wanderungen, die sie in jüngeren Jahren mit ihrem Mann geplant und durchgeführt hatte. Hatte sie schon vorher viele Landschaften gemalt, so zog es sie nun mehr und mehr an die Orte, wo das Schweigen gleichsam zum Motiv für ein schönes Aquarell wurde, dorthin, wo das lautlose Schauen und Zuhören zur Kunst, zur Sprache, zum Bild wurde. Sie war jetzt oft mit ihrem blauen Auto (AG 50 912) unterwegs. Es zog sie ins Freiamt, wo sie an den Reussschlaufen in Sulz und Eggenwil die Staffelei aufstellte. Anlässlich einer Ausstellung in Bremgarten hielt der Lehrer und Schriftsteller Fritz Senft in seiner Kunstbetrachtung fest: «Alles, was diese Künstlerin als Ertrag ihres Fleisses zeigt, plädiert eigentlich in jeder Beziehung für Poesie. Aller Anschauung gewinnt sie eine lyrische Sicht ab, Stimmungen von heiterer Transparenz, Aufnahmen, welche den Moment bald so, bald so verdichten. Die Landschaft, aller Staffage enthoben, redet aus sich selber, ist stimmächtig mit Hügel und Fluss…» Sein Fazit: Es sei das Glück des schönen Augenblicks, das im Wechselspiel von leicht und schwer in jedem Aquarell dieser Künstlerin zu empfinden sei. Manchmal stellte sie ihre Arbeiten zu-

128 **Gewichtskontrolle.**

129 **Besuch beim Zahnarzt, 1953.**

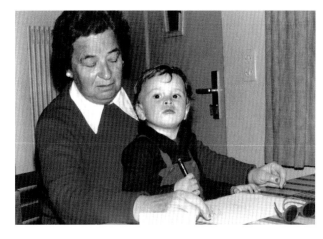

130 **Zeichnen mit den Kindern, mit Enkel Harry, 1980.**

sammen mit Bildern des ebenfalls malenden Sohnes Roy aus, der seit Jahren im eigenen Kunstraum
«art room» in Lengnau zusammen mit seiner Frau
Rachela Ausstellungen mit modernen Künstlern
organisiert. Die gemeinsamen Ausstellungen mit
Sohn Roy, die waren ihr eine grosse Freude, war er
doch in Stil und in seiner objektiven Kunstauffas-
sung nicht meilenweit entfernt vom Schaffen seiner Mutter. So jedenfalls stellte es Vernissageredn-
ner Josef Rennhard fest, als er die Bilder von Mutter und Sohn Oppenheim sozusagen nebeneinander
betrachten konnte. Er meinte, dass beide «dem Nahen, dem Heimatlichen, ihrer Stadt Baden, dem
Aargau, der bläulich schimmernden Erde» einen
vorzüglichen Platz in ihrer Kunst einräumten.

Es kamen nun auch von der aargauischen
Kulturstiftung Pro Argovia Aufträge für Wand-
schmuck in Schulhäusern. Die Öffentlichkeit hatte
längst von den Qualitäten dieser Künstlerin Kennt-
nis genommen. Sie war Mitglied der GSMBA
(Gesellschaft Schweizer Maler, Bildhauer und Architekten) Aargau, und sehr oft wurde sie zu Ein-
zel- oder Gruppenausstellungen eingeladen. Die
öffentlichen Aufträge machten ihr grosse Freude.
Vor allem war es während vieler Jahre die Kulturstiftung Pro Argovia, die sich in unserem Kanton
zusammen mit Fachleuten für den Schulhaus-
schmuck, später «Kunst am Bau», einsetzte. Dr. Albert Hauser, seinerzeit Präsident der Pro Argovia,
war es denn auch, der in Eggenwil 1970 die Wand-
kunst der Künstlerin vorstellte. Sie hatte in einem

131 **Zeichnen in der freien Natur, 1974.**

132 **Bitte nicht stehen bleiben.**

Mosaik die Landschaft an der Reuss eingefangen. Die anwesende Künstlerin erklärte der Schuljugend und den vielen Gästen, dass sie das Bild aus einem uralten Mosaik-Material, aus Glas-Mosaik-Steinen, geschaffen habe. So entstand 1971 ein weiteres Glas-Mosaik im Tanneggschulhaus in Baden. Andere Wandmalereien schuf sie 1961 in Unterehrendingen und 1963 im Schulhaus Leibstadt. Je älter Edith Oppenheim-Jonas wurde, desto mehr gehörten Aquarelle und Ölbilder zum künstlerischen Tages- oder Nachtprogramm. «Ich liebe die Farbe, weil sie nicht nur die äussere Erscheinung wiedergibt, sondern auch Ausdruck der seelischen Empfindung ist», erklärte sie ihren Besucherinnen und Besuchern, die immer wieder mal an die Ateliertüre klopften. Meistens mit einem Auftrag im Kopf und einem Foto in der Tasche. Das Foto konnte eine Frau, einen Mann, ein Kind oder auch mal ein Tier darstellen. «Die Darstellung des Menschen in seiner Vielfalt, besonders beim Porträtieren der ganz persönlichen Charakterzüge, das hat mich immer sehr fasziniert. Die malerische Erfassung von Menschen in meinem Werk, das ist ein Teil des Menschenbildes, es ist sein Spiegelbild.»

133 **Reusslandschaft, Aquarell, um 1980.**

"HÄND SIE AU SCHWIIZER ZITIGE ?"

134 **Heutige Zeitungslandschaft, «Nebelspalter», 1958.**

Ihr Tag war ausgefüllt mit Arbeit. Doch ein Mittagsschläfchen hatte – je mehr die Jahre verflogen – immer Platz im zeitlichen Programm. Das liess sie sich nicht nehmen. Und zum Frühstück gehörte auch das Zeitungslesen. Immerhin hatte sie 15 Zeitungen und Zeitschriften abonniert! Auch war sie plötzlich sehr darauf bedacht, Geld nicht unnötig auszugeben. Und so war es nicht verwunderlich, dass alles, was über den Ladentisch kam, mit den Augen von «Prüf mit» registriert wurde. Die Freiräume zum Lesen und Musikhören wurden ihr immer wichtiger. «Ältere Menschen sollten immer kleinere Aufgaben vor sich sehen, ein Ziel ohne Druck», pflegte sie zu sagen.

1985 wusste auch die lebensfrohe Stadt Baden die Künstlerin zu ehren. Sie durfte im Kornhauskeller als erste Frau den alljährlich vergebenen «Humororden» von Dr. Herbert Duttwyler aus den Händen des Stadtammanns und späteren Regierungsrats Victor Rickenbach entgegennehmen. Nun, Edith Oppenheim-Jonas mit einem Humororden zu ehren, das war sozusagen höchstlöb-

liche und höchstzeitliche Aufgabe dieser Jury, denn man bedenke, wie viele Hunderttausende, wenn nicht Millionen von Kinderherzen sie damals schon mit ihrem Papa Moll erfreut und bereichert hatte. Und auch als Malerin hatte Ejo während Jahrzehnten in der Bäderstadt gewirkt. Zum einen als Kunstmalerin mit vielen Sujets aus der Region, zum anderen als Fasnächtlerin, die mit ihrer angewandten Malkunst der Täfeli-Clique die legendären Schnitzelbank-Helgen und zudem die Dekorationen für die grossen Fasnachtsbälle im Kursaal geschaffen hatte. Selbstverständlich durfte an

135 **Clown und Harlekin, Bleistiftskizzen.**

136 **Die Zukunft hab ich hinter mir, Tuschskizze.**

dieser Feier auch Papa Moll in Lebensgrösse dabei sein. Und sozusagen als Götti war auch der Schulfreund aus Basel, Albert Hofmann, angereist.

Eine Gesellschaft, die nicht lachen könne, sei eine kranke Gesellschaft. Ejo konnte lachen, und sie vertrat ein Leben lang den Humor als beste Arznei in jeder Lebenslage. Doch Humor ist auch etwas Intimes, Feines, und manchmal zum Beispiel sieht man den Clown auch traurig, dann, wenn er das Leben mit den täglichen kleinen Dramen darstellt. Ohne Zweifel galt das auch für Edith Oppenheim-Jonas, die nach dem Tod ihres geliebten Mannes das Lachen nicht verloren hatte, aber die traurigen Momente der Einsamkeit konnte auch sie nicht einfach wegdenken. Sie skizzierte und malte in dieser Zeit oft Gesichter von Clowns. Nicht nur die lachenden, nicht nur die lustigen. Zwar ist die Knollnase manchmal da, aber die Traurigkeit spiegelt sich in den Augen. So etwa beim berühmten «Harlekin», dessen feine Gesichtszüge eine fast poetische Nachdenklichkeit aufweisen. Ejo liebte den Zirkus, den Duft der Manege und natürlich ganz besonders die Clowns. «Der Clown bringt uns manchmal die eigene Unzulänglichkeit nahe. Aber sein Lachen ist immer auch Ausdruck von Liebe», sagte sie.

In ihren letzten Lebensjahren verbringt sie immer noch viel Zeit an der Staffelei. «Wenn ich stehe, dann kann ich arbeiten, hingegen macht mir die gebückte Haltung beim Zeichnen immer mehr Mühe.» Aber ganz kann sie es nicht lassen.

Noch im Jahr 2000 erscheinen in der Zeitschrift «Zeitlupe» letzte Humorzeichnungen von Ejo. Ein betagtes Ehepaar sucht im Restaurant nach der Toilette. Diese befindet sich im ersten Stock und ist nur über eine steile Treppe ohne Geländer erreichbar. Was die nun betagte Künstlerin auch hier wiederum mit schon etwas zittrigem Strich festhält, das ist im Stil und in der Philosophie ihres jahrzehntelangen Arbeitens noch immer ganz «Edith Oppenheim-Jonas», wie man sie kannte: Auch den ernsthaften Dingen, die unser Lebensgefühl – hier eine altersfeindliche Architektur – strapazieren, weiss sie noch immer mit Humor zu begegnen. Nein, ihre Karikaturen waren nie anklagend, nie tadelnd. Immer zeichnete sie mit feinstem subtilem Humor, gerade so, als ob da jemandem ein kleines Fehlerchen unterlaufen ist, wo sie nun den Finger beziehungsweise den Zeichenstift drauflegen muss. Die Interpretationen ihrer Karikaturen überlässt sie anderen, jenen, die sich vielleicht da oder dort darin finden. Es gilt bei dieser Künstlerin bis in die letzten Tage: «Humor ist, wenn man trotzdem lacht!»

Im Jahr 1999 erleidet Edith Oppenheim-Jonas einen Herzinfarkt. Sie ist nun sehr geschwächt. Zur Erholung bringen sie die Kinder nach Luzern ins Kurhaus Sonnmatt, wo sie dann am 22. März, 93-jährig, stirbt. Selbst im Pflegeheim hat sie noch bis zuletzt gemalt. Von ihrem jahrelangen Begleiter Papa Moll hatte sie allerdings inzwischen Abschied genommen. Und je mehr sie

137 **Alltagsprobleme, Illustration für die Zeitschrift «Zeitlupe»,**
Mai 2000.

138 **Ejo im Kurhaus Sonnmatt, Luzern, 1999.**

Moderne Buchtitel

sich auch vom eigenen Leben entfernte, desto näher waren ihr die wirklich grossen Dinge. «Der Sinn des Lebens ist das Leben selbst», stellte sie im Alter fest. Vielleicht spürte sie auch, zurückschauend, dass die Zeit es ist, die uns zwischen den Fingern zerrinnt und unser Leben bestimmt; die Zeit, die uns je nach Aktivität oder besinnlicher Ruhe, zu den wahren Werten des Lebens führt. Edith Oppenheim-Jonas hatte wohl immer gespürt, wo sie mit ihren eigenen Werten auf gutem und sicherem Boden stand; sie hat mit ihrer Fantasie Generationen von sehenden und verstehenden Menschen glücklich gemacht. Wenn es einem Menschen gelingt, die eigene Lebensfreude, den Humor aus einer nie versiegenden Quelle zu den Mitmenschen zu tragen, dann hat dieses Leben eine grosse Erfüllung gefunden.

139 **Eine tiefgreifende Erkenntnis.**

Humor ist der Schlüssel zum Glück

Niccel Steinberger

Drei Wochen, so las ich kürzlich, müsse man eine optimistische, positive Lebenseinstellung ganz bewusst leben, damit sie einem in Fleisch und Blut übergehe und zu einem echten Bedürfnis werde. Drei Wochen ist eine lange Zeit für jemanden, der zu Traurigkeit oder Pessimismus neigt oder unter Depressionen leidet. Drei Wochen benötigt man vermutlich auch für den Einstieg in eine humorvolle Lebensführung. Erst dann entsteht wahrscheinlich der Wunsch, jeden Tag unter humorvollen Vorzeichen erleben zu wollen. Aber was sind schon drei Wochen gegen 93 Jahre gelebten Humors?!

Ich stelle mir vor, dass bereits im Wiegenbett der kleinen Edith das Lachen einen ganz festen Platz einnahm. Sicher hat sie schon als Baby ihre Eltern strahlender angelacht als wir anderen Babys. Vielleicht haben ihre Eltern dann auf das erste Lachen ihrer Tochter fröhlicher reagiert als unsere Eltern. Jedenfalls muss der Humor schon bald zu einem Lebenselixier für die kleine Edith geworden sein. So übte sie schon als Kind ganz eifrig, die Dinge mit einer humorvollen Optik zu betrachten, und schuf sich ein wirkungsvolles Instrumentarium für lustige Ausdrucksformen. Anstatt ein ganz normales Tagebuch zu führen, hielt sie zum Beispiel im Skischullager in einem Zeichenheft pointiert in Bild und gereimten Worten fest, was sich in den Skiferien alles ereignet hat (oder eventuell hätte passieren können).

140 **Edith Jonas als Rotkäppchen, um 1911.**

141 Ejo, 20-jährig, 1927.

142 Lachen auch noch im Alter.

Schon während ihrer Kindheit verfeinerte sie von Jahr zu Jahr ihren Strich und liess gleichzeitig die humorvolle Optik zu einem festen Bestandteil ihres Lebens werden. Auch die kunstvollen, ideenreichen Briefmarkenumrandungen, mit denen sie ihre Briefe verschönerte und zu kleinen Kunstwerken werden liess, zeugen von ihrem schon in jungen Jahren grossen Können und feinen Sinn für die Komik.

Manche vergnügen sich auch mit schlitteln.

Jedoch Ski ist und bleibt das Schönste!

143 **Tagebuchillustrationen aus dem Skilager, 1925.**

144/145/146 Umzeichnete Briefmarken, um 1930.

Baden, 4th Sept. 1930.

Dear Eric,

I thank you very much for your nice letter, telling me such a lot of very "interesting" things you are doing during the voyage and now in England. But I think it's rather better to write you German, for it seems not good to me that you are forgetting all those fine and excellent german expressions!! – Also, es freut mich sehr, dass Sie die lange Reise gut überstanden

147/148 **Brief an ihren zukünftigen Ehemann Eric Oppenheim,**
4. September 1930.

haben und nun das ruhige Newcastle und Umgebung unsicher machen. Das einzige, was mich (weiter) freut, ist, dass Sie auf der Über=fahrt ein festes Gewitter hatten! Da hätte ich Sie ja eigent=lich gerne auf Deck beobachtet! Wirklich schade.

„ S. O. S. "   (Bitte nicht bös werden!!!)

Ich freue mich aber, dass Sie so fabelhaftes Ferienwetter haben und hoffe recht herzlich, dass Sie sich glänzend erholen werden (in jeder Beziehung!!!) (Ich bin zu frech!!)?)

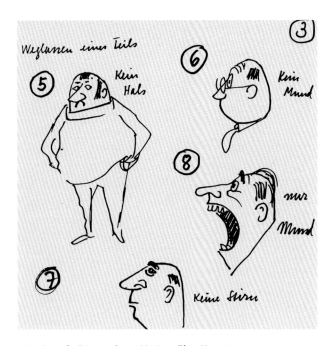

149 **Ausschnitt aus einem Vortrag über Humor.**

Ihren zukünftigen Ehemann beglückte sie als junge Frau ebenfalls mit dieser fröhlichen Briefpost. Ein kleiner Auszug aus einem Brief der 23-jährigen Edith an John Eric verdeutlicht, dass ihre Briefe auch inhaltlich zum Lachen anregten. John Eric hatte gerade eine unangenehme Überfahrt mit dem Schiff nach England hinter sich, und Edith schrieb ihm mit fröhlicher Schadenfreude: «Das einzige, was mich weiter freut ist, dass Sie auf der Überfahrt ein festes Gewitter hatten! Da hätte ich Sie ja eigentlich gerne auf Deck beobachtet! Wirklich schade.» Und natürlich illustrierte sie ihre Zeilen dementsprechend, schrieb dann aber vorsichtshalber noch unter die Zeichnung «Bitte nicht bös werden!!!». Und weil sie ja schliesslich wusste, was sich gehört, fragte sie zum Schluss des Briefes noch einmal ganz höflich: «Ich bin zu frech!!?» Oder war das eher eine Feststellung?

Bevor ich weiter über Ejo und ihr beispielhaft humorvolles Leben berichte, möchte ich einen kurzen Exkurs über den Begriff «Humor» einschieben. Fragt man Wissenschaftler verschiedens-

ter Disziplinen, was sie unter Humor verstehen, dann erhält man so viele verschiedene Antworten, wie man Menschen befragt hat. Wahrscheinlich wird es nie eine gültige Definition des Humors geben, denn die Gelehrten sind sich bis heute nicht darüber einig, was Humor ist. Der Künstler und Zeichner Saul Steinberg hat sich einmal sehr treffend zu dieser Problematik geäussert: «Der Versuch, den Humor zu definieren, ist selbst eine Definition des Humors.» Wenn ich könnte, würde ich jetzt Ejo fragen, was sie darunter versteht, und wahrscheinlich würde sie mir darauf ganz klar antworten: Humor befreit uns, indem er uns über unsere Schwächen, über die Tragik unseres Lebens, das ja vergänglich ist, lachen lässt. Wer über sich selbst lachen könne, so sagte Ejo einmal, der habe Humor, und «wer das fertig bringt, wird frei, frei von sich selbst und frei von seinen Fehlern, von seinen Verkrampfungen. Er hat es nicht mehr nötig, stur an seiner Meinung festhalten zu müssen. Er ist auch nicht mehr trotzköpfig, betupft, beleidigt. Die falsche Eitelkeit, der Dünkel, die ‹beleidigte Ehre›, alles verschwindet, denn er sieht alles im richtigen Verhältnis. Ein Mensch mit Humor

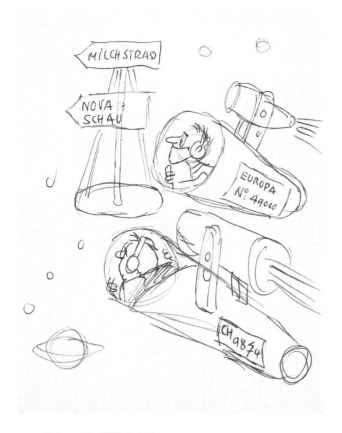

150 **Distanz schafft Weitsicht.**

macht nicht nur sich selbst, er macht auch den Mitmenschen das Leben leichter. Der Humor befähigt uns, den Menschen genau so zu sehen, wie er eigentlich ist, in seiner Schwäche, seinen Fehlern und ihn deshalb zu lieben. Der Prüfstein echten Humors ist die Liebe.» Für mich gibt es keine treffendere Definition. Humor war für sie der «Schlüssel zum Glück».

Dass die Liebe mit im Spiel sein muss, erscheint mir als ein zentraler und viel zu selten erwähnter Aspekt. Auch der Psychologe Alfred Kirchmayr betont, dass sich Humor «aus den Kräften der Liebesfähigkeit, des Gemüts, des Wohlwollens» nähre und «echter Humor [...] aus einer Mischung von warmer Anteilnahme und heiterer Distanz» entstehe. Er kann deshalb nie böse sein, sondern ist immer versöhnend. Eine humorvolle Lebenseinstellung basiert immer auf der Erkenntnis über die eigenen Schwächen und gleichzeitig

in der liebevollen Versöhnung mit diesen. Der Zeichner Paul Flora sagte dazu: «Humor setzt voraus, dass man die Menschen und die Welt ernst nimmt, das Schöne und das Grausliche.»

Um aber erst einmal so eine seelische Grundhaltung heiterer Gelassenheit einnehmen zu können, muss man Abstand von sich selbst, von seinen Problemen und Enttäuschungen gewinnen. Dazu bedient man sich der distanzierten Optik. Kirchmayr sagt, man müsse sich das so vorstellen, als ob man alles durch ein umgekehrtes Fernglas betrachte und dadurch eine heilsame Distanz zu allem gewinne. Und in den Worten von Ejo hiess das: «Wenn wir uns hoch über die Welt, den Alltag erheben, sehen wir alles klein.»Und wenn wir alles ganz klein sehen, dann fällt es uns leichter, «uns selbst nicht zu wichtig zu nehmen und über uns selbst zu lachen, uns zu sehen als kleine Menschlein, die da auf der Welt herumkriechen.» Diese ganz spezielle Optik zeichnet jede humoristische Lebenseinstellung aus, denn erst durch die Distanzierung erkennt man oft das Komische an einer Situation, wird der Blick frei für das Entdecken der komischen Aspekte.

Ejo nahm in ihrem Leben immer wieder ganz bewusst diese Optik ein, die zum Beispiel gerade auch in Kriegszeiten sehr wichtig und hilfreich für das Gestalten ihrer Karikaturen war.

In schwereren Lebenszeiten konnte sie mit Hilfe des distanzierten Blicks das Leid besser ertragen und der täglichen Not und den Übeln des Kriegs leichter ihre komischen Aspekte abgewinnen.

Der Schriftsteller Erich Kästner bezeichnete übrigens in einem Artikel mit dem bezeichnenden Titel «Humor – das ernsteste Thema der Welt» den Humor als «höchstes Kleinod der leidenden Erdkrustenbewohner».

Kästner hat schon Anfang der 1950er-Jahre gefordert, ein Unterrichtsfach namens «Lachkunde» einzuführen, um die Menschen zu mehr innerer Heiterkeit zu erziehen, damit sie nicht ein Leben lang mit den «Dackelfalten der Probleme auf der Stirn» herumrennen müssen. Gerade in der heutigen Zeit, wo immer mehr Menschen unter Depressionen, Süchten und verschiedensten Angstvorstellungen leiden, wäre es sinnvoll, so einen Gedanken wieder aufzunehmen und den jungen Menschen eine humorvoll distanzierte Optik zu vermitteln.

Das hätte sicher auch Ejo gefallen, denn sie war fest davon überzeugt, dass bei der Erziehung der Kinder eine humorvolle Haltung einfliessen müsse, auch wenn die Kinder schon «von Natur aus mit Humor begabt» seien. Die Eltern könnten diesen aber noch verfeinern. Auch Ejo hat also

151 **Wiederverwertung als Phänomen der Rationierung, «Blatt für Alle», 1943.**

152 **Umgang mit Rohstoffknappheit, «Nebelspalter», 1939–1945.**

"BAHNBRECHENDE FAHRT !"

153 **Bahnbrechend, «Nebelspalter», Juni 1953.**

SBB - CFF

Kinderreiche Familien werden bevorzugt – aber erst ab 4 Kinder!

154 **Mengenrabatt, «Nebelspalter», 1959.**

schon zu einer Zeit, als sich noch kaum einer ernsthaft mit Lachforschung beschäftigte, die Wichtigkeit des Humors in Sachen Erziehung erkannt. Sie selbst kam ja aus einer, wie sie selbst sagte, «humoristisch sehr gut gesinnten Familie. Wir haben viel gelacht, und ich habe gemerkt, dass auch bei der Erziehung der Humor eine grosse Rolle spielt.» So verwundert es kaum, dass sie bei der Erziehung ihrer eigenen drei Kinder den Humor zu einem wichtigen pädagogischen Bestandteil werden liess. Und diese Erziehungsversuche bestätigten ihr schon bald, dass sich gewisse Problematiken mit Humor für alle Beteiligten leichter bewältigen lassen.

Ich denke aber, dass es Ejo auch noch darum ging, den Kindern ihre instinktiv richtige Lebensweise, nämlich das Leben nicht zu ernst zu nehmen, nicht allzu früh auszutreiben. So hätte sie Kästner sicher auch zugestimmt, als dieser in seiner «Ansprache zum Schulbeginn» den sechsjährigen Schulanfängern zurief: «Lasst euch die Kindheit nicht austreiben! Schaut, die meisten Menschen legen ihre Kindheit ab wie einen alten Hut ... Nur wer erwachsen wird und Kind bleibt, ist ein Mensch!»

Heute entdecken endlich auch die Pädagogen diese kostbaren Werte, und neueste wissenschaftliche Studien ermutigen sie dazu, den Humor stärker in den Schulalltag einfliessen zu lassen. Humor ist ein Phänomen, an dem das gesamte Gehirn beteiligt ist. Viele Studien beweisen, dass Lachen intellektuell stimuliert und uns hilft, geistig fit und kreativ zu bleiben. William Fry, emeritierter Psychologieprofessor und Vorreiter der Humorforschung, schreibt: «Von jedem komischen Erlebnis profitieren wir etwas. Denn jedes Mal bildet das Gehirn neue Verknüpfungen und erweitert seine synaptischen Netzwerke.» Könnte man sich also was Besseres als den Humor oder ein Fach namens «Lachkunde» für den schulischen Lehrplan vorstellen? Und das Lachen täte ja nicht

WER VO EU HET D'GEOMETRIE-HUSUFGABE CHÖNNE LÖSE?

155 **Alle Hausaufgaben gelöst**, «Nebelspalter», 1959.

DAS WUNDERKIND !

156 **Das Wunderkind, «Nebelspalter», um 1960.**

157 **Im Wartezimmer, «Nebelspalter», um 1960.**

nur den Schülerinnen und Schülern gut, sondern auch der gesamten Lehrerschaft beziehungsweise den Erwachsenen.

Aber wenn hier schon das Stichwort «erwachsen» fällt, dann muss ich gleich noch eine weitere Überzeugung von Ejo erwähnen. Sie betonte nämlich, dass der Humor auch im ehelichen Miteinander eine grosse Rolle spielen sollte.

Dabei ging es ihr nicht so sehr darum, dass das eheliche Miteinander grundsätzlich angenehmer ist, wenn man ein ähnliches Humorverständnis hat und über die gleichen Dinge lacht, nein, sie dachte eher an schwierige Situationen zwischen den Ehepartnern, in denen sie die distanzierte Sichtweise einnehmen sollten. Dieser Blick befähige uns nämlich dazu, aus der eigenen Haut zu schlüpfen, weil wir uns distanziert von oben betrachten, und er gebe uns die Möglichkeit, uns besser «in den anderen zu versetzen und ihn in seiner eigenen Schwäche zu sehen und ihn gerade darum zu lieben». Eine unter humorvollen Vorzeichen geführte Ehe oder Partnerschaft hat sehr viel mit Liebe und Toleranz zu tun. Wer die Fähigkeit besitzt, über sich und seine Schwächen zu lachen,

kann auch liebe- und verständnisvoller mit den Schwächen seiner Mitmenschen umgehen. «Sogar eine gefährdete Ehe», betonte Ejo, «kann mit der Weisheit des Humors gerettet werden.»

Diese friedliebende Komponente von Humor, so Ejo, sollte natürlich auch im öffentlichen Leben, in Beruf, Gesellschaft und Politik stärker zum Tragen kommen, denn eine humorvolle Lebenseinstellung könne sich in jeder Hinsicht nur positiv auf das menschliche Miteinander auswirken. Und so mahnte sie immer wieder, daran zu denken, «dass der Ärgerliche sich selbst am meisten ärgert und schadet». Nur der Humor könne uns helfen, es gar nicht so weit kommen zu lassen. Wer sich aber trotzdem ärgerte, dem riet sie: «Haben Sie sich schon mal im Spiegel betrachtet, wenn Sie sich ärgerten? Probieren Sie's mal – ob Sie wollen oder nicht, Sie werden sich komisch finden.»

Es ist unmöglich, in diesem Text alle Arbeiten und Lebensphilosophien aufzuzählen, die zum Gesamt-Humorwerk von Ejo gehören. Ihr zeichnerisch und sprachlich komisches Talent kam in so vielen verschiedenen Formen zum Ausdruck:

Wenn mer wänd i's Theater, oder uf en Tanz, denn richtet
ER sicher e richtig's Bluetbad a bim Rasiere!

158 **Blutbad vor dem Theaterbesuch, «Nebelspalter», um 1940.**

159 **Aus der Sicht des Patienten, um 1945.**

"WIDERSTAND"

RUNDSPRUCH

KURZWELLEN - EMPFÄNGERIN

160/161/162 **Aus einer Serie zum Thema «Elektrizität»,**
Brown Boveri Hauszeitung.

Jedem das Seine!

163 Jedem das Seine, «Nebelspalter», 1946.

in Cartoons und Malbüchern, in Glückwunsch-
karten und Buchillustrationen, in Karikaturen für
den «Nebelspalter» und humoristischen Postkarten,
in Illustrationen für Fasnachtszeitungen, in rie-
sigen Saaldekorationen für verschiedenste Bälle

und, und, und ... Immerhin wurde sie 1985 in Baden
für ihr grosses, ich möchte fast sagen allumfas-
sendes, humoristisches Lebenswerk mit Dr. Herbert Duttwylers «Humororden» ausgezeichnet,
der diejenigen Menschen ehrt, die «am besten

164 **Auf den Hund gekommen, Beispiele aus einer Postkartenserie, um 1930.**

165 **Nach 1940 entstehen erste Bildergeschichten, Vorläufer des Papa Moll.**

für die Erheiterung der Bürgerschaft im weitesten und wahren Sinne des Wortes gesorgt» haben. Ejo war die erste Frau, der diese Ehre zuteil wurde, und sie hat sie mehr als verdient!

Natürlich muss nun endlich auch einmal das Stichwort «Papa Moll» fallen, diese bis heute so beliebten Kinder-Bildergeschichten, zu denen sich Ejo immer wieder von erlebten und überlieferten Geschichten aus dem wirklichen Leben inspirieren liess. Den Papa Moll zeichnete sie, wie sie selbst sagt, als eine «vollendete Figur». Er ist ein Mensch mit allen wünschenswerten Fähigkeiten und Tugenden, ein perfekter Ehemann und Fami-

lienvater, einer, den man sofort ins Herz schliesst. Zu unserem grossen Vergnügen passiert aber auch diesem perfekten Menschen «mal eine Kleinigkeit». Den Kindern gehe es genauso wie Papa Moll, betonte Ejo, und deshalb können sie sich ganz besonders über seine Pannen amüsieren. Sie erkennen in ihm einen Erwachsenen, der eben nicht ganz perfekt ist und der, so gesehen, einer von ihnen ist. Die diversen Schwächen des Papa Moll hindern uns nicht daran, ihn zu lieben, im Gegenteil, weil er eben auch nur ein Mensch ist, lieben wir ihn noch viel mehr. Das erinnert schon wieder an die oben zitierte Beschreibung des Humors von

Humor ist der Schlüssel zum Glück

Ejo: «Der Humor befähigt uns, den Menschen genau so zu sehen, wie er eigentlich ist, in seiner Schwäche, seinen Fehlern und ihn deshalb *zu lieben.*»

Die Papa-Moll-Geschichten sind ein wunderbares Ventil für die Kleinen, da sie ihnen zeigen: Scheitern ist menschlich. Sie sehen, dass wegen eines Missgeschicks nicht gleich die Welt untergeht. Was für eine heilsame, fröhliche und menschliche Art, den Kindern mit einem Papa Moll das Leben mit all seinen auflauernden Tücken des Alltags zu schildern!

Ejo hat diese Figur nach einem, wie ich es bezeichnen würde, humoristischen Erfolgsrezept angelegt. Ein Mensch, der immer nur das Gute will und den wir sofort ins Herz schliessen, der aber bei allem, was er in Angriff nimmt, kläglich scheitert und tollpatschig von einem Missgeschick ins nächste stolpert. Und trotzdem lässt er sich niemals entmutigen und verfolgt seine guten Ziele weiter. Kinder kennen diese Situationen nur zu gut. Sie müssen so vieles erst noch lernen und beim ständigen Scheitern ihre Erfahrungen sammeln. Von Fehlern dürfen sie sich nicht entmutigen lassen. Und der Erfolg, der sich irgendwann einstellt, gibt ihnen recht darin, niemals aufzugeben.

Auch den Clowns, die Ejo sehr liebte, geht es ähnlich. Toni Meissner schreibt in einem Artikel über den grossen Clown Charlie Rivel, so wie der Clown «entdeckt ein kleines Kind die Welt und

166 **Clown Monti, Aquarell, 1984.**

167 **Charlie Rivel (1896–1983), Öl auf Leinwand, um 1969, Privatbesitz.**

168 **Humor ist, wenn man trotzdem lacht.**

versucht, sich darin zurechtzufinden. Alle Erfahrung, alle Erkenntnis ist mühsam, will gemacht, will errungen sein.» Hat sich der Clown einmal etwas in den Kopf gesetzt, will er es auch erreichen. Ähnlich den Kindern, will er alles beherrschen und scheitert doch immer wieder auf die überraschendsten und komischsten Arten und bringt uns damit zum Lachen. Doch unser herzhaftes Lachen ist immer gepaart mit liebevoller Anteilnahme, denn wir fühlen uns eins mit dem Clown und wünschen ihm innigst, dass er sein Ziel erreichen möge. Wir lachen über sein Scheitern und lachen im Grunde genommen über unsere eigene Unvollkommenheit. Wir lachen aber auch aus Erleichterung, dass nicht uns selbst so eine Dummheit passiert ist. Und wenn wir uns mit dem Clown freuen, weil er wider Erwarten sein Ziel erreicht hat, dann freuen wir uns auch für uns selbst, denn er hat uns Hoffnung gemacht, dass wir im Leben sehr vieles erreichen können.

Als «Darsteller grosser, reiner, kindlicher Gefühle, des Menschlichen schlechthin» bezeichnet Meissner den Clown, den man einfach gern haben muss, da er uns auf so menschliche, liebevolle und heitere Art einen Spiegel vor die Nase hält.

Clowns bedeuteten Ejo mit zunehmendem Alter immer mehr. Oft wurden sie zu den Sujets ihrer Malerei. Kein Wunder, ist doch der Clown, wie Alfred Kirchmayr schreibt, die Symbolfigur schlechthin für den echten Humor, den Ejo ja auch besass und zu verbreiten suchte: «Er gibt trotz vieler Hindernisse nicht auf, er lässt sich nicht entmutigen, er ist eine Trotzmacht.»

Liebe Edith Jonas Oppenheim, 100 Jahre ist es her, dass Sie das Licht der Welt erblickt haben. Leider bin ich Ihnen nie persönlich begegnet. Aber durch die vielen Spuren, die Sie mit 93 Jahren intensiv gelebten Humors hinterlassen haben, lernte ich Sie nun doch noch auf eine sehr lebendige Art kennen und schätzen. Durch Ihr stets humorvolles Denken und Handeln haben Sie Ihrer Nachwelt viel Wunderbares und Beglückendes hinterlassen, und für mich sind Sie der grosse Beweis dafür, dass man durch eine humorvolle Lebenseinstellung sogar unsterblich werden kann.

Ich habe viele Gemeinsamkeiten entdeckt, unsere Liebe zum Lachen und zu den Kindern, unsere grosse Wertschätzung des Humors, das Bedürfnis, den Menschen den Humor wieder ans Herz zu legen, und schliesslich auch unser grosses Faible für die Clowns. Sie haben mich darin bestätigt, mich für den Humor und das Lachen starkzumachen.

Aus frohem Herzen möchte ich Ihnen zu Ihrem 100. Geburtstag gratulieren. Da, wo Sie jetzt sind, weiss man ihre humoristische Ader sicher sehr zu schätzen, auch wenn Mark Twain einmal behauptet hat, dass es im Himmel keinen Humor brauche, weil es dort definitionsgemäss auch keine Probleme gebe. Sie haben sicherlich längst das Gegenteil bewiesen. Wahrscheinlich braucht man dort oben den Humor vor allem dazu, um unsere Dummheiten auf Erden besser ertragen zu können. Wenn es auf Erden das nächste Mal so richtig rumpelt und kracht und alle meinen, das sei ein Donnergrollen, dann weiss ich, dass Sie sich dort oben wieder einmal von Ihrer humorvollen Seite gezeigt haben und sich alle vor Lachen nur so schütteln …

Das letzte Wort soll noch einmal Ihnen gehören, denn Sie haben in einem Lachvortrag einen wunderbaren Satz geschrieben: «Humor ist der grosse innere Reichtum, der mitgeteilt und verschenkt werden kann und sowohl den Schenkenden wie auch den Beschenkten bereichert. […] Wenn alle Menschen Humor hätten, wäre das Himmelreich auf Erden!»

In grösster Humor- und Herzens-Hochachtung

Ihre Niccel Steinberger

Papa Moll – Pädagogik mit dem Holzhammer?

Waltraut Bellwald

Gesucht: erzieherisch wertvolle Bildergeschichte

Papa Moll gehört zum Kulturgut der Deutschschweizer wie Globi und das Rütli, wie die Toblerone und die Pfahlbauer. Vor 55 Jahren hat er sein erstes tragikomisches Abenteuer erlebt, und noch heute unternimmt der alterslose Kinderbuchheld eine Weltreise, macht eine grosse Fahrradtour oder baut sich ein Haus. Erdacht wurde Papa Moll von Edith Oppenheim-Jonas, damals 40 Jahre alt, Hausfrau und Mutter von drei Kindern. Um zum Familieneinkommen beizutragen, hatte sie sich

DER STEILHANG   NOT SO GOOD!

SPITZKEHRE

DIE AUFNAHME

STEMMBOGEN

169-172 **Aus einer Postkartenserie zum Thema Skifahren,
um 1938.**

1947 beim Verlag-Hug in Kilchberg beworben. «Ich habe grosse Erfahrung im Entwerfen von originellen Zeichnungen aller Art. Unter anderem habe ich z.B. für eine Spielwarenfabrik eine ganze Reihe origineller Packungen entworfen. Ferner zeichnete ich verschiedentlich Briefbogenköpfe für Kinder-Papeterien sowie Glückwunsch- und sonstige Postkarten», schrieb sie in ihrem Bewerbungsbrief.

Sie erhielt eine freundliche Absage. «Wir haben Ihre Adresse in unsern Registern vorgemerkt», war die Antwort und «wir werden gerne in einiger Zeit wieder auf die Angelegenheit zurückkommen». Zudem empfahlen die Verleger der Grafikerin, sich bei der Firma Papyria in Zürich zu melden, «welche laufend gute Entwürfe für ihren

Spielwarenverlag sucht». Im Dezember 1951 meldete sich Edith Oppenheim-Jonas erneut auf ein Chiffre-Inserat in der «Neuen Zürcher Zeitung» und ahnte nicht, dass sie damit die Spur legte für Papa Moll, für eine Figur, die über ihren Tod hinaus lebendig bleiben würde.

Eigentlich hatte Edith Kunstmalerin werden wollen, jedoch die Umstände erlaubten es nicht. So schlug sie einen anderen Weg ein, machte die Handelsmatura und widmete sich der Kunst in ihrer Freizeit. Als praktisch denkende Frau entwarf sie Ausschneidebögen und Verpackungen, Malbücher und Kasperlitheater, humorvolle Postkarten und lustige Kinderpapeterien, zeichnete später auch Karikaturen für den «Nebelspalter» und für illustrierte Werbung – und verdiente damit Geld.

173/174 **Kinderpostkarten und Malbücher, 1949.**

Mit dem Gedicht «Die Mäuseplage» sowie mit einer Humorseite für eine Radiozeitung und den Illustrationen zu einem chinesischen Reisebericht bewarb sich Edith Oppenheim für die Stelle. Sie betonte ihre vielseitige und langjährige Erfahrung auf zeichnerischem Gebiet «insbesondere humoristischer Art». Der Magnus-Verlag, ein Zweig des Hug-Verlags, plante damals eine «Kinderzeitung mit Bildgeschichten, bestimmt als Werbegabe für Ladengeschäfte». Jede Seite sollte eine abgeschlossene Geschichte mit einer charakteristischen Figur enthalten. Wichtig war dem Verlag der Bezug zum Alltagsleben: «Üblicherweise sieht man in Kindergeschichten Figuren, die wundersame Dinge erleben, auf Reisen, im Zirkus, bei Negern etc. In diese Richtung möchten wir nicht gehen», heisst es in einer Aktennotiz aus jener Zeit.

Als Antwort auf ihre Bewerbung wurde Ejo, mit diesem Kürzel signierte sie ihre Arbeiten, bereits am 12. Dezember 1951 nach Zürich eingeladen und erhielt vom Geschäftsführer Johann Rudolf Hug den Auftrag, «eine Seite für eine neue Jugendzeitschrift mit Zeichnungen und Versen druckfertig zu zeichnen und gleichzeitig ein genaues Programm für zwölf Nummern dieser Zeitschrift mit Inhaltsangabe aufzustellen». Eine Probenummer des «Junior», so der Name der Zeitschrift, war für den Januar 1952 vorgesehen, die Sache war also eilig. Die von Ejo im Januar 1952 bei Johann Rudolf Hug persönlich abgelieferte Bildergeschichte «Vater Moll» gefiel den Verantwortlichen; auf die 150 Franken, die sie dafür in Rechnung stellte, musste sie allerdings lange warten.

175 **Werbung für Ovomaltine, 1954.**

Schmutz und Schund – ein Exkurs

Die 1950er-Jahre waren in der Schweiz die Jahre des Kampfes gegen «Schmutz und Schund» in der Kinderliteratur. Als besonders verwerflich wurden die amerikanischen Comic-Strips angesehen. Die neuartige Bildsprache, die Farbigkeit und Dynamik dieser Heftli, die Sprechblasen und die ungewöhnlichen Helden und ihre erstaunlichen Abenteuer zogen die Kinder in Bann. Dies machte die Erzieher misstrauisch: Sie sahen ihren Einfluss untergraben und überlieferte Werte in Gefahr.

Vor allem Pro Juventute, die Organisation für das Wohl des Kindes, war in diesem moralischen Kampf aktiv. Sie unterstützte bereits die Herausgabe des Schweizerischen Jugendschriften-Werks (SJW-Hefte). Pro Juventute regte den Hug-Verlag an, eine «erzieherisch wertvolle Bildergeschichte» mit begleitenden Versen zu publizieren. Als Gegengewicht zu den «gefährlichen» amerikanischen Comic-Strips, die damals die Schweiz überschwemmten. Edith Oppenheim erhielt den Auftrag, diese Bildergeschichte zu zeichnen.

Das Ergebnis war eine bürgerliche Familie mit Vater, Mutter, drei Kindern und einem Hund, mit Abenteuern und Erlebnissen aus dem alltäglichen und überschaubaren Lebensbereich, gemütvoll, lustig und erzieherisch einwandfrei. Für den neuen Helden waren verschiedene Namen im Gespräch, «Papa Moll» setzte sich schliesslich durch.

«Der Schwarzhörer.»

«Lange Wellen.»

«Kurze Wellen.»

«Banddehnung.»

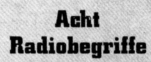

Acht
Radiobegriffe
einmal anders gesehen

(Zeichnungen
Edith Oppenheim)

«Nachrichtendienst.»

«Der Lautsprecher.»

«Guter Empfang.»

«Schlechter Empfang.»

176 Radiohören während des Zweiten Weltkriegs, «Schweizer
Radio-Zeitung», 21. November 1943.

1. Sieh nur, Moll, mein lieber Mann
Diesen großen Holzstoß an
Wenn's im Winter stürmt und schneit
Liegt das Brennholz schon bereit.

2. Zu zersägen diese Wellen
Sollt' man einen Mann bestellen,
Zwar, es könnten solche Sachen
Ja auch unsre Buben machen!

3. Moll erwidert ihr mit Stolz
Nein, ich säge selbst das Holz!
Teure Kräfte sind entbehrlich
Und für Kinder ist's gefährlich!

4. Auf dem Sägebocke oben
Liegen schon die schweren Kloben
Moll macht schon das Sägen heiß
Von der Stirn rinnt ihm der Schweiß

24

5. Plötzlich fängt ein stolzer Hahn
Kikeriki zu krähen an
Hühner laufen — eh man's denkt
Papa Moll ist abgelenkt,

6. Autsch, nun hat er sich schon mitten
In den Finger bös geschnitten.
Dick in Tropfen rinnt das Blut
Und der Schmerz tut gar nicht gut.

7. Ach, von Mitleid ganz erfüllt
Hat Frau Moll das Blut gestillt
Und mit zarten Händen sacht
Kunstvoll den Verband gemacht!

8. Aus ist's mit der Sägerei
Moll ist alles einerlei
Und nun ruft er ohne Stolz:
Kommet Buben, sägt das Holz!

25

177 «Papa Moll sägt Holz», erste Moll-Geschichte im «Junior»-
Heft Januar 1953.

Weil aus den Kreisen der Redaktionskommission geltend gemacht wurde, «der Name Vater Moll könnte in Verbindung mit der Geschichte eines tölpelhaften Bürgers gewisse pädagogischen Bedenken rufen», schlug der Verlag der Autorin vor, den Namen des Helden zu ändern, «indem Sie einen skurril klingenden Vornamen statt des Prädikates Vater wählen». Edith Oppenheim wehrte sich: «Vater Moll ist kein Tölpel und kein Narr, sondern ein guter Vater und Ehemann, mit guten und richtigen Grundsätzen, denen er aber – genau wie es allen Vätern geht – infolge gewisser Umstände nicht immer nachleben kann.» Als einzig gute Änderung konnte sie sich eine Umbenennung in «Papa Moll» vorstellen, und so geschah es

auch. Im November 1952 erhielt Ejo vom Magnus-Verlag einen Auftrag für weitere sechs Folgen. Aus technischen und redaktionellen Gründen verzögerte sich der Abdruck der ersten Papa-Moll-Geschichte aber bis Januar 1953.

Papa Moll machte «Junior» erfolgreich. Verlagsleiter Müller lobte: «Im Jahr 1955 hat der Junior dank Ihrer tatkräftigen künstlerischen Mithilfe den Aufstieg zur publizistischen Gesellschaftsfähigkeit erleben dürfen.» Ende der 1960er-Jahre beschloss der Verlag, die gesammelten Abenteuer von Papa Moll in Buchform herauszugeben. 1974 erwarb der Globi-Verlag die Buchrechte an «Papa Moll».

Papa Moll und seine Familie

Mit ihrer Bildergeschichte erzählt Ejo Episoden aus dem Alltagsleben einer bürgerlichen Familie der 1950er-Jahre. Im Mittelpunkt steht Papa Moll, unterstützt von drei kecken Kindern, Evi, Fritz und Willy. Mehr im Hintergrund agiert die sanfte und liebe Mama Moll, während der freche Dackel Tschipsy immer wieder für Trubel sorgt. Daneben spielen zahlreiche wechselnde Nebenfiguren mit, Nachbarinnen, Tanten, Lehrer, Passanten. Die Geschichten beschreiben kleine alltägliche Krisen und Probleme, Auseinandersetzungen zwischen Jung und Alt, zwischen Pflicht und Spiel, zwischen Mensch und Tier, aber auch den Kampf mit der Widerspenstigkeit der Dinge, die eigene Unzulänglichkeit und die Folgen der Selbstüberschätzung. Der Alltag scheint eine gefährliche Welt, überall lauern Abstürze, auch in der kleinen biederen Welt der Familie Moll. Es sind keine gewichtigen Ereignisse, sondern ganz normale Katastrophen: Immer wieder geht etwas kaputt, verursacht etwas Flecken, fällt einem etwas hinunter. Man kommt selbst zu Fall, wird nass gespritzt oder muss mit einer Arbeit von vorne anfangen. Eine gute Tat wird nicht belohnt, Hoffnungen werden enttäuscht, man wird lächerlich gemacht. Dies alles kann man nur ertragen, indem man über sich selbst, über die Situation lacht – und Humor zeigt.

Die Geschichten sind nie verrückt, selten fantastisch oder befremdend. Oma Moll alias Edith Oppenheim bleibt in ihren Geschichten bewusst bei der Realität: «Das Verhalten von Papa Moll ist immer naheliegend und menschlich, nie an den Haaren herbeigezogen. Die Geschichten spielen in der Umgebung des Kindes, also in einer ihm bekannten Welt. Die verschiedenen Situationen hat das Kind schon mal erlebt. Es kann sich voll und ganz mit Papa Moll oder mit den drei Kindern identifizieren.» Dazu passt auch, dass in den Geschichten von Papa Moll jede Reflexion eines Problems fehlt, ergo die gleichen Fehler immer wieder passieren.

Hier steht unser Papa Moll

Edith Oppenheim hat ihrem Helden ein einfaches und doch prägnantes Aussehen verliehen. Papa Moll trägt in jeder Lebenslage sein rotes Gilet und seine blaue Jacke. Dazu braune Schuhe, eine schwarze Röhrli-Hose und ein weisses Hemd mit schmaler schwarzer Krawatte. Dieses Tenue trägt Moll zu Hause, bei der Arbeit, auf dem Waldspaziergang, beim Wäscheaufhängen, beim Skifahren und Holzsägen. Es ist Molls Markenzeichen. Ausnahmsweise trägt er einen Hut, bei Kälte vielleicht einen Schal und Handschuhe. Zum Kuchenbacken zieht er ungeniert Mama Molls Schürze an, und nachts schläft er in gestreiften Pyjamas. Moll ist komisch, weil er so ist, wie er ist. Nicht wirklich wie ein Vater, aber auch nicht wie ein Clown. Seine konventionelle Erwachsenen-Bekleidung ist in fröhlichen Primärfarben gehalten,

1). Mama Moll schon lange Zeit
wünscht von Herzen sich ein Kleid.
Hier im Laden elegant
steht ihr Wunschtraum an der Wand.

2). Gleich zur Probe tritt sie ein...
Doch oh weh - s'ist viel zu klein.
Traurig sieht sie ihr Geschick:
Sie ist einfach viel zu dick!

3). Mama Moll, hier seht Ihr sie -
fastet hart mit Energie!
Nicht, wie Papa Moll ganz stur
durchbrach die strenge Fastenkur!

4) Auch die Coiffeuse freundlich spricht:
"Hübscher würde Ihr Gesicht,
"nicht mit einer Farbe nur
"auch mit anderer Frisur!"

5). Als sie heim kommt, welch ein Fest!
Papa Moll sie an sich presst!
Glücklich ruft er aus den Satz:
"So gefällt Du mir mein Schatz!"

6). Mit Götti Frank, Juchheissassa!
Fährt Willy nach Amerika!
Drum ist er bei der Reiserei
durch die Schweiz jetzt nicht dabei!

178 Versuchte Verjüngungskur, die später rückgängig gemacht
wird: Mama Moll nimmt ab und erhält eine neue Frisur,
Band 7, 1991.

so gefällt sie auch den Kindern. Moll ist zwar angepasst, aber er ist keine graue Maus. Die munteren Farben weisen auch auf die Gespaltenheit dieser Figur hin: Er ist Erwachsener und Vater, im Herzen aber selbst noch Kind, unüberlegt, übers Ziel hinausschiessend, naiv und spontan.

Molls Physiognomie ist in ihrer Einfachheit bemerkenswert: Ein birnenförmiger Kopf wird gekrönt von einem spärlichen Haarbüschel, die Ohren sind leicht abstehend. Markante Augenbrauen liegen über grossen Augen, bei denen das Weiss hervorsticht, ein kleiner struppiger Oberlippenbart verbirgt beinahe den Mund. Im Profil ist Moll nahezu kinnlos. Trotz dieser karikaturistischen Vereinfachung kann Papa Moll vielfältige Gemütsregungen ausdrücken: Staunen, Freude, Wohlbehagen und Genuss, aber auch Verärgerung. Groll, Ungewissheit, Erschrecken oder Empörung manifestieren sich in der Stellung seiner expressiven Augenbrauen und in horizontalen oder vertikalen Stirnrunzeln.

Mama Moll – sanft im Gemüte, sorgt für alle voller Güte

In den allerersten Geschichten ist Mama Moll eine vollbusige Matrone, und Papa Moll ist einen halben Kopf kleiner als seine Gattin. Mit einem lächerlichen kleinen Hut auf dem Kopf ist er der Prototyp eines Pantoffelhelden der 1950er-Jahre. Mama Moll trägt ihre Kleider mit den weissen Krägelchen, ihre Ohrringlein und natürlich ihre Schürzen mit viel Selbstbewusstsein (eine gewisse Ähnlichkeit Edith Oppenheims mit Mama Moll ist augenfällig). Einen Vornamen hat sie

③

Gleich nimmt Moll den Fritz sich vor,
zupft zur Strafe ihn am Ohr,
und er sagt: «Dies merke dir,
ziele nie auf Mensch und Tier!»

179 **Papa Moll als Erzieher.**

③

Moll spricht zu den Kindern dann:
«Sparen fängt im Kleinen an!»
«Daß die Tuben nicht so knicken,
dürft ihr sie nur **hinten** drücken!»

180 **Papa Moll mit guten Ratschlägen.**

nicht, und sie ist nur auf wenigen Titelseiten zu sehen.

Es erstaunt die heutige Leserin, dass die selbstbewusste, erfolgreiche Edith Oppenheim-Jonas, die berufliches Engagement von Hausfrauen und Müttern befürwortete und sich für Frauenstimmrecht und Gleichberechtigung einsetzte, mit Mama Moll eine so traditionell handelnde Frauenfigur schuf.

Mama Moll – sanft im Gemüte –
sorgt für alle voller Güte.
Dabei hilft sie lieb und schlicht
Moll bei der Erziehungspflicht.

Erst 1991 erfährt Mama Moll einen Stilwechsel. Ihr blondes, dauergewelltes Haar wird zur flotten, dunkel gefärbten Kurzhaarfrisur. Zudem hat sie ein paar Kilo abgenommen, und ihre Kleidung ist modischer geworden. Warum dieser Wandel? Es war die Idee des Verlags: Mama Moll sollte eleganter, hübscher und sexy werden. Den Leserinnen und Lesern jedoch war diese neue Mama Moll nicht geheuer. Weil zudem Willy, eines der drei Moll-Geschwister, fehlte, glaubten viele Kinder, Papa Moll habe sich scheiden lassen, was für Verunsicherung sorgte. Eltern protestierten beim Verlag. Diese unerwarteten Reaktionen machten eine Erklärung notwendig. Ejo schrieb und zeichnete die Vorgeschichte dieser Verwandlung: «Warum Mama Moll jetzt schlanker ist und dunkle

Haare hat und Willy fehlt.» Diese Erklärung wurde allen zugeschickt, die sich beim Verlag beschwert hatten. Und im nächsten Buch sah Mama Moll wieder aus wie gewohnt.

Stets in redlichem Bemühen seine Kinder nett erziehen – die Pädagogik des Papa Moll

Als Mutter von drei Kindern schöpfte Ejo die Ideen für Papa Moll aus ihrer Familie. Auch Freunde und Bekannte lieferten immer wieder Stoff für neue Geschichten. Evi, Fritz und Willy, die drei Moll-Kinder im Schulalter, sind keine Musterkinder. Sie sind der Grund, warum Papa Moll immer wieder in Schwierigkeiten gerät. Trotzdem, Papa Moll hat seine Kinder gern, er ist fürsorglich und geduldig. Und die Kinder mögen ihn auch, es sind nicht böser Wille und Boshaftigkeit, die immer neues Übel hervorrufen wie bei Max und Moritz, sondern kindlicher Überschwang und Ausgelassenheit.

«Vater Moll ist ein guter Vater und Ehemann und hat als solcher bestimmte Grundsätze (u. a. ist er sehr sparsam). Er versucht nun, nach diesen Grundsätzen zu leben, aber immer wieder werden seine Vorsätze umgestossen – teilweise durch eigenes Verschulden, teilweise durch das Leben selbst –, sodass er gezwungen ist, gegen seine gute Überzeugung zu handeln, so wie es uns allen tagtäglich passiert», charakterisiert Edith Oppenheim selbst ihren Helden.

Die 1950er-Jahre waren nicht die Zeit für eine mit Humor gewürzte Erziehung. Die autoritäre Pädagogik jener Jahre war mehr auf Gehorsam und Fleiss bedacht als auf Spass und Gelächter. Der Vater war die unbestrittene Macht, die Mutter hielt sich im Hintergrund, stand am Herd und am Waschtrog. Man lebte sparsam und bescheiden. Als die ersten «Papa Moll»-Bücher erschienen, war zwar bereits die 68er-Bewegung mit ihren kulturellen und gesellschaftlichen Verwerfungen durch die Schweiz gezogen, Papa Moll war aber immer noch ein Vater der Generation des erhobenen Zeigefingers, belehrend, mahnend oder befehlend:

«Prägt euch», sagt Moll, «dieses ein: Ordnung muss im Leben sein.»

Moll spricht zu den Kindern dann: «Sparen fängt im Kleinen an.»

«Wenn ihr», sagt Moll, «Spiele macht, gib schön auf dein Kleidchen acht!»

«Evi», sagt Moll, «denk daran, nimm von Fremden nie was an!»

Hinter diesem Zeigefinger steckten pädagogische Absichten. Kindergeschichten sind «zweckgerichtete Grafik, die erzieherisch einwandfrei sein muss, dem kindlichen Wesen entspricht und eine positive Lebenseinstellung haben muss». Dies ist in einer Notiz aus der Hinterlassenschaft von Ejo zu lesen und ebenso: «Erziehung ist Einfügen in die menschliche Gesellschaft, in Ordnung und Regelmässigkeit.» Papa Moll möchte also überzeugen, warnen, rügen. Er möchte die Kinder belehren, dass man die Zahnpastatube von hinten ausdrückt, er möchte ihnen einschärfen, dass man von Fremden nichts annehmen soll, oder betonen, wie wichtig Ordnung ist und dass Kinder Tischmanieren haben müssen. Trotz diesen prägnanten Grundsätzen ist Molls Erziehung keine «Pädagogik mit dem Holzhammer». Nur mit Liebe und Humor habe Erziehung Erfolg, das war Edith Oppenheims oftmals geäusserte Überzeugung. Der Eindruck einer «Schwarzen Pädagogik» entsteht eher durch die zugespitzte Dramatik der Geschichten, die in acht Bildern erzählt werden müssen. Die Reduktion auf das Wesentliche ist eindrücklich.

Die Papa-Moll-Geschichten nehmen ihre kindlichen Leser und Leserinnen ernst. Nicht nur als naiv, fröhlich und kindlich, sondern auch in ihren Ängsten vor den Schwierigkeiten des Lebens, vor den Gefahren und Katastrophen, die überall lauern und die offensichtlich auch einem Erwachsenen zustossen können. Papa Moll ist ein friedfertiger Zeitgenosse, der ein harmonisches Familienleben möchte und auch mit seinen Mitmenschen einvernehmlich leben will. Moll wird selten richtig wütend. Wenn er Schach spielen möchte und vom Streiten der Kinder gestört wird, ist er wohl «empört» oder sogar einmal zornig, aber er schlägt nicht drein oder gibt Stubenarrest oder eine andere Strafe, sondern er macht die Kinder auf eine ruhigere Spielmöglichkeit aufmerksam – dass die Kinder dabei oft grösseren Schaden anrichten, ist eine andere Sache und macht auch den Witz dieser Geschichten aus.

Moll ist kein Freund von körperlicher Züchtigung, Ohrfeigen oder gar eine Tracht Prügel, wie das bei Globi durchaus vorkam, gibt es nicht. Ein wütender, schlagender Papa Moll ist unvorstellbar. Hin und wieder lässt er sich dazu hinreissen, seine Kinder an den Ohren zu ziehen, wenn sie zu spät nach Hause kommen, einen schlechten Aufsatz geschrieben haben, oder wenn Evi dem verfressenen Tschipsy ein Kuchenstück gibt: Dann ziehen sich Molls Augenbrauen zusammen, und steile Falten erscheinen auf der Stirn:

Zornerfüllt nimmt Moll sie vor
Zieht die Sünderin am Ohr!

Dass Papa Moll kurz danach selbst auf Tschipsys Betteln reagiert und ihm ein Kuchenstück anbietet, zeigt Molls fehlende pädagogische Konsequenz. Sie trägt wiederum zum Witz der Geschichte bei.

Eine Fortentwicklung der Moll'schen Erziehungsgrundsätze kann man aus den ersten Büchern nicht entnehmen, denn die gesammelten

Episoden wurden zu unterschiedlichen Zeiten gezeichnet. Bereits im zweiten Band aber gibt Moll die verstaubten pädagogischen Grundsätze der Anfangszeit auf, der moralische Zeigefinger verschwindet. Moll versucht eine Erziehung mit anderen Methoden:

«Ein Verbot», denkt Moll, würd' sie kränken!
Schlauer wär's, sie zu beschenken!»

Eindeutig abgekehrt von der Pädagogik mit dem Zeigefinger hat sich Papa Moll dann mit dem achten Buch, das 1994 erschienen ist. Diese Erzählungen sind keine Moralgeschichten mehr, sondern lustige Bildergeschichten im Charakter von Slapstick-Komödien. Die Ereignisse, die Moll nun zu bewältigen hat, sind nicht mehr so sehr von den Mitgliedern seiner Familie bestimmt, sondern von äusseren Einflüssen. Der Bewegungsraum ist nicht mehr der überschaubare familiäre Kleinraum. Die Familie reist um die Welt, Papa Moll experimentiert und begibt sich dabei in die Welt des Fantastischen und erschliesst sich damit neue Handlungsräume.

Moll ist ein Mann der Tat, «Furcht kennt er nie». Ob es um Hundedressur geht, um Gartenarbeit oder ums Barrenturnen, Moll weiss, wie man es macht. Auch bei der Hausarbeit. Dass er aber keine Pizza aufwärmen kann, ohne dass sie verkohlt, dass ihm die Suppe überkocht und die Marmelade überbrodelt, überrascht die Leser nicht.

Auch sein Wirken beim Bügeln, Waschen oder Einkaufen endet oft kläglich, und Papa Molls Experimente beim Heimwerken sind in ihrer misslichen Art spektakulär:

Peng! Es blitzt. Ein Kurzschluss kracht.
Alles sitzt in finstrer Nacht!
Leider traf mit seinem Nagel
Moll direkt das Lampenkabel.

Papa Moll ist eine vollendete Figur, er kann alles, und er ist ein lieber und guter Mensch. Aber dieser idealen Figur widerfahren immer wieder Missgeschicke, manchmal wird aus den besten Absichten ein Malheur, wie es Kindern immer wieder passiert. Selbst Väter können versagen, und man hat sie trotzdem lieb. So können sich auch Kinder im Papa Moll finden.

Moll und die Kinderliteratur

Kinderliteratur ist ein Erzeugnis des späten 18. Jahrhunderts und hatte in ihrer Frühzeit nicht die Aufgabe, die Kinder zu unterhalten oder sie zum Lachen zu bringen. Kinderliteratur sollte belehren und anleiten, Komisches hatte da keinen Platz. Ausgenommen in den Moralgeschichten, in denen Ungeschicklichkeit, Dummheit oder Lasterhaftigkeit mit derbem Humor verspottet wurden. Das Lachen war hier «erstrebenswerter Rezeptionsmodus kindlicher Leser im Dienst moralpädagogischer Absichten», wie der Kinderlite-

① Für Gesundheit wie ein Wunder
hilft im Winter stets Holunder.
Hier am Baume schwarz und golden
hängen überreife Dolden.

② Moll will Mama überraschen.
Evi bringt zwei leere Taschen
und bei einer kleinen Leiter
erntet man nun froh und heiter.

③ Warm wird man bei solchem Tun . . .
Moll will sitzend etwas ruhn.
Evi stellt die Taschen stolz
auch auf diese Bank aus Holz.

④ Plötzlich sieht Moll voller Schrecken
hier am Kittel blaue Flecken!
Denn der Saft – s'ist kaum zu fassen –
hat hier Spuren hinterlassen.

⑤ Leise schleichen sie ins Haus,
waschen gleich den Kittel aus,
hängen dann im Sonnenscheine
ihn zum trocknen an die Leine.

⑥ In der Küche sie die reifen
Beeren von den Dolden streifen,
die sie mit dem Zucker nun
in den großen Kochtopf tun.

⑦ Drauf kommt alles auf die glatte,
stark geheizte Ofenplatte.
Fleißig Moll den Löffel führt
und die Marmelade rührt.

⑧ Während sich die Maß' erhitzt,
diese plötzlich brodelnd spritzt!!
Moll und Evi schreien «Au!» –
Mama Moll sieht alles blau!

34

181 **Papa Moll und die Holunder-Marmelade.**

raturforscher Rüdiger Steinlein schreibt. Man glaubte zudem, dass Kinder in einer heiter-gelösten Stimmung aufnahmebereiter für pädagogische Beeinflussung seien. Je jünger die angepeilten Leser und Leserinnen sind, desto mehr komische Ereignisse oder Handlungen, die zum Lachen reizen, sind in den Kinderbüchern vertreten. Zum Lachen sind sie deshalb, weil sie unerwartet, von der Norm abweichend, ver-rückt, verfremdet oder unlogisch sind. Sie dürfen allerdings keine zu starke Betroffenheit oder gar Bedrohung hervorrufen. «Das Lachen im Bann des Komischen hat stets eine Beimischung von Irritation, denn in jeder komischen Situation steckt eine Beinahe-Katastrophe», so Steinlein. Besser könnte man die Komik Papa Molls nicht beschreiben.

Papa Moll in der Kritik

Während «Globi» in den 1970er-Jahren angeschuldigt wurde, rassistisch, sexistisch und gewalttätig zu sein, ist die Kritik an «Papa Moll» zurückhaltend geblieben.

Die Journalistin Irene Widmer äusserte sich 1994 im «Badener Tagblatt» über die «verlässliche Moll-Welt»: «Verlässlich fürwahr: Papa Moll ist immer zu Hause, sein Berufsleben wird tunlichst ausgeblendet, er hat praktisch immer Zeit für die Kinder, derweil Mama im Hintergrund kocht, putzt und wäscht. Obwohl das vermutlich schon vor 40 Jahren nicht realistisch war, hat sich auch nach 400 Bildergeschichten so gut wie nichts daran geändert.» Und sie schreibt weiter: «Männer, die auch einmal Fehler machen dürfen und sich um den Nachwuchs kümmern, sind heute in den auf Perfektionismus und Karriere eingeschworenen 90er Jahren eine wünschbare, kinderfreundliche Alternative. Aber man sollte eigentlich nicht über sie lachen.»

«Geniales Mittelmass» attestierte Thomas Barfuss dem unverwüstlichen Papa Moll und kommentierte die Revitalisierung des Bilderbuchhelden in den 1990er-Jahren: «Dass Moll diesen verordneten Strukturwandel leidlich überlebt hat, braucht man noch nicht einmal seinem genialen Mittelmass zuzuschreiben, es genügt dafür bereits die Bizarrerie unseres Alltags.»

Die Kinderbuchforscherin Anna Katharina Ulrich schreibt zu Moll: «Die Qualität von Edith Jonas' Bildgeschichten liegt nicht in einer besonderen Originalität der Ideen und nicht im Formalen. Man könnte sie eher strukturell nennen. Grafisch ist Papa Moll anspruchslos und an sprachlicher Holprigkeit stellt er selbst Globi-Verse in den Schatten. Aber aus der Figurenkonstellation und den Handlungsstereotypen lässt sich so etwas wie sensible Zeitkritik lesen.»

182 **Papa Moll und das Katzenkonzert.**

① Alles schläft in tiefer Nacht –
nur der Mond am Himmel wacht.
Katzen jedoch, groß und klein,
geben sich ein Stelldichein.

② Plötzlich tönt durch diese Stille
ein Miauen und Gebrülle!
Moll wacht auf und denkt mit
Schrecken:
Dies wird noch die Kinder wecken!

③ Im Gebüsche unterm Fenster
sitzen Katzen wie Gespenster!
"Hol doch", sagt nun Mama Moll,
"einen Krug mit Wasser voll!"

④ Auch die Evi ist erwacht
durch den Lärm um Mitternacht,
und auch sie ist sehr empört,
daß ihr Schlaf so jäh gestört!

⑤ Moll hat, wie ihr seht im Bild,
rasch den Wasserkrug gefüllt
und begibt mit strengem Sinn
sich damit zum Fenster hin.

⑥ Schrecklich tönen Katzenlieder,
greulich, markdurchdringend wieder . . .
SCHWUPP! – Moll gießt die kalte
Brause
auf die Katzen vor dem Hause!

⑦ Doch im obern Stock, oh je!
hat auch Evi die Idee:
Leert den Wasserkrug mit Schuß . . .
doch den Papa trifft der Guß!

⑧ Triefend naß bis auf die Haut,
Moll hinab zum Garten schaut,
wo die Katzen, diese schlauen,
wieder frech und froh miauen!

Papa Moll – Gründe seines Erfolgs

In der Schweiz ist «Papa Moll» eine erfolgreiche Serie, sein Debüt in einer Gratis-Kinderzeitung hat ihn vor 50 Jahren rasch bekannt gemacht. Das «Schweizerische» an Papa Moll zeigt sich jedoch nicht an Alpen und Käse, sondern versteckt sich im Kleinen: Wie im klassischen roten Milchkrug mit weissen Punkten aus den 1950er-Jahren, der seit 2007 wieder produziert wird. Darüber hinaus vermitteln Pöstler- und Polizeiuniformen, Ochsnerkübel und Robidog, Tetrapack und Dreikönigskuchen auch ein Stück Zeitgeist.

Von Kinderbuchkritikern wird «Papa Moll» zumeist ignoriert, was den Kindern jedoch nicht den Spass verdirbt. Die Eltern haben ihn geliebt, die Kinder tun es auch. Papa Moll ist ein sicherer Wert. Erfolgreiche Kinderbücher, sagt der Kinderbuchforscher Reinbert Tabbert, erlauben den kindlichen Lesern und Leserinnen, sich mit den zentralen Helden und Heldinnen zu identifizieren. Entweder bewundern sie die Figur, weil sie sehr stark ist, einzigartige Fähigkeiten hat oder besonders schlau ist. Aber auch Aufmüpfigkeit und das, was die Schweizer Kinder mit «Seich machen» bezeichnen, lässt den Helden oder die Heldin attraktiv und faszinierend erscheinen. Papa Moll ist kein Held in diesem Sinn. Er ist einer, über dessen Ungeschicklichkeit und Tollpatschigkeit die Leser lächeln oder lachen. Einer, den man ein wenig bedauert, weil ihm immer wieder einmal eine Katastrophe oder Unfälle zustossen; nicht weil er ein besonders wagemutiges oder riskantes Leben führt, sondern weil er seine eigenen Fähigkeiten falsch einschätzt, unüberlegt handelt, vielfach auch deshalb, weil sich die Dinge gegen ihn wenden. Erfahrungen, die nur allzu menschlich sind.

Erfolgreich wird eine Kindergeschichte zudem, wenn die Biografie des Autors oder der Autorin durchschimmert: Als ein nostalgischer Rückblick auf eine glückliche Kindheit oder als Bewältigung einer freudlosen Kindervergangenheit. «Durch die autobiografische Komponente kommt eine starke Emotionalität in die dargestellte Welt hinein, die je nach Veranlagung des Autors oder der Autorin mit Humor einhergehen kann.» Diese spezielle Qualität der frühen Papa-Moll-Abenteuer ist bei den späteren Geschichten, die nicht mehr allein von Edith Oppenheim stammen, nicht mehr so stark zu spüren. Die frühen stark verdichteten Geschichten, die auf acht kleinformatige Bilder beschränkt waren und deshalb schnell zur Pointe kommen müssen, werden von Geschichten mit zehn bis zwölf Bildern abgelöst, die weitschweifiger, illustrativer und detailreicher, aber nicht aussagekräftiger sind. Möglicherweise treffen sie aber genau deshalb den Gemütszustand heutiger Kinder.

Literatur

Barfuss, Thomas: Modernisierter Biedermann. Tages-Anzeiger 19.12.1996.

Steinlein, Rüdiger: Kinderliteratur und Lachkultur. Literaturhistorische und theoretische Anmerkungen zu Komik und Lachen im Kinderbuch. In: Hans-Heino Ewers: Komik im Kinderbuch. Erscheinungsformen des Komischen in der Kinder- und Jugendliteratur. Weinheim und München 2002, 11–32.

Tabbert, Reinbert: Wie Eisberge in der Bücherflut: Erfolgreiche Kinderbücher. In: Bernhard Rank (Hg.): Erfolgreiche Kinder- und Jugendbücher. Was macht Lust auf Lesen? Baltmannsweiler 1999, 7–22.

Ulrich, Anna Katharina: Globi, Pingu, Papa Moll. Schweizer Kindermedienfiguren machen Geschichte(n). In: Schrift-Kindheiten. Das Kinderbuch als Quelle zur Geschichte der Kindheit. Zürich 2002, 256–263.

Widmer, Irene: Er meint es doch so gut, hat aber immer so viel Pech. Badener Tagblatt 9.11.1994.

Begegnung mit der Mama von «Papa Moll»

Luzia Stettler

«Papa Moll» lernte ich in den 1960er-Jahren in Oberdiessbach kennen; hier wohnte die Grossmutter meiner Kindergarten-Freundin Fränzi in einem verwunschenen, alten Holzhaus; und oft durften wir zwei Mädchen sie am Sonntag besuchen. Das war jeweils ein Fest für mich: Hier gab es andere Gerüche, andere Speisen, andere Regeln als zu Hause; und vor allem: Hier traf ich Papa Moll.

Unter der Treppe, in einem Korb, lagerten Dutzende von «Junior»-Heften; und es gehörte zum heiligen Ritual, dass sich die Grossmutter mit uns Kindern auf die Ofenbank setzte – und mit uns die Bildergeschichten anschaute. Sonntag für Sonntag. Was war er doch für ein liebenswürdiger Mensch, dieser tollpatschige Papa Moll! Ihm geschahen genau die Pannen und Peinlichkeiten, die auch wir in unseren jungen Jahren schon erlebt hatten. Wir lachten und wir kicherten, wir fieberten und wir litten mit – und entwarfen hernach, am Küchentisch, unsere eigenen Papa-Moll-Episoden. Wer hinter dieser Figur steckte, wussten wir damals natürlich nicht. Papa Moll war Papa Moll – dass er selbst noch eine «geistige» Mama haben könnte, kam uns gar nicht in den Sinn.

Rund ein Vierteljahrhundert später blätterte ich im Wartezimmer meines Zahnarztes in einer Illustrierten – und stiess zufällig auf einen Artikel über Edith Oppenheim-Jonas. Erinnerungen an die Oberdiessbacher Ausflüge stiegen wieder hoch, und ich beschloss spontan, mit der Erfinderin von «Papa Moll» Kontakt aufzunehmen. Mittlerweile arbeitete ich als Redaktorin bei Schweizer Radio DRS 1 und hatte also einen guten Grund, warum ich sie treffen wollte; journalistische Motive lassen sich zuweilen wunderbar mit persönlicher Neugier kombinieren. Im Telefonbuch wurde ich auch gleich fündig – und wir vereinbarten einen Interview-Termin.

So kam es, dass mich Edith Oppenheim-Jonas, an einem verschneiten Wintertag, Ende Januar 1991, in ihrem Atelier in Baden willkommen hiess: Schon von weitem sah ich sie erwartungsvoll im Türrahmen des kleinen Pavillons stehen; und beim Anblick dieser Frau, die mir mit einem grossen Lachen auf dem Gesicht durch die eisige Kälte entgegenstrahlte, wurde mir sogleich warm ums Herz: Papa Moll hatte genau die «Mama», die er verdiente: humorvoll, bodenständig und unkompliziert!

183 **Edith Oppenheim-Jonas erzählt aus ihrem Leben.**

Dieser erste Eindruck wurde dann im Gespräch noch bestätigt: Bei Tee und Kuchen machten wir es uns im Atelier gemütlich; Dackel-Dame Citta trottete zufrieden-wedelnd auf ihr Kissen; und ihre Meisterin fegte noch rasch ein paar Dinge von der Tischplatte, bevor ich mein Tonbandgerät installieren konnte. Platz im Atelier war rar; aber trotzdem wirkte der Raum überhaupt nicht beengend; Bücherregale ragten bis an die Decke, Ölbilder stapelten sich; und auf der Staffelei zeugte ein angefangenes Aquarell von der immer noch grossen Schaffenskraft der Künstlerin. Die kreative Umgebung lud zum Verweilen ein; staunend wurde ich gewahr, wie viele unterschiedliche Maltechniken Edith Oppenheim-Jonas beherrschte; und nicht ohne Stolz erzählte sie mir von ihrem

Werdegang und der «Geburt» von Papa Moll. Ab und zu schoss sie flink aus ihrem Sessel hoch, zog hier ein Skizzenheft und dort eine Zeichnungsmappe hervor – und liess so Stück für Stück die ganze Entstehungsgeschichte der berühmten Comic-Figur Revue passieren, wie zum Beispiel die folgenden Geschichten:

«Es kommt oft vor, dass Leute über den Papa Moll reden und gar nicht wissen, dass ich den zeichne. Eine lustige Situation erlebte ich einmal in Brigels, wo häufig WK-Truppen ihren Dienst absolvierten; in jener Woche logierten allerdings gerade keine Soldaten im Hotel, aber zufällig erwähnte ein Gast beim Abendessen den ‹Papa Moll›. Neben mir sass die Wirtin, hörte die Bemerkung und meint ganz spontan zu mir: ‹Wissen Sie, dieser Papa Moll existiert – und ich kenne ihn persönlich sehr gut.› Ich fiel natürlich vor Überraschung fast vom Stuhl, gab aber meine Identität vorerst nicht preis, sondern fragte ganz naiv: ‹Ja, da bin ich aber jetzt neugierig: wer ist denn dieser echte Papa Moll?›. Und sie erklärte mir, es handle sich dabei um den Divisionär Moll von den Flab-Truppen: ‹Während Truppenübungen höre ich die Soldaten immer wieder sagen: ‹Achtung, Papa Moll kommt.› Ich erkundigte mich natürlich, warum sie ihn Papa Moll nannten – und die Wirtin gab mir zur Antwort: ‹Ja, kennen Sie denn die Geschichten nicht vom Papa Moll? Deshalb heisst er so – weil er wie dieser Mann aussieht.› Erst jetzt lüftete ich das Geheimnis, dass ich selbst diese Figur kreiert

184 **Moll ist auch als dreidimensionale Figur ein Sympathieträger.**

hatte; die Wirtin lachte und freute sich, als ich ihr ein Buch mit Widmung als Geschenk überreichte.»

«Und eine andere lustige Episode schilderte mir ein Lehrer aus dem Emmental in einem Brief: Er sei pensioniert, und er habe immer sehr Freude an den Papa-Moll-Büchern gehabt und sie auch im Unterricht eingesetzt; und er wolle mir für diese Arbeit ganz herzlich danken. Bei dieser Gelegenheit müsse er mir nun aber auch noch von einer Begebenheit erzählen: Er sei mit seiner Frau nach Ägypten gereist – den Nil hinaufgefahren und habe in Assuan ein Zimmer bezogen. Vor dem Abendessen seien sie noch vor dem Hotel gestanden und hätten den Sonnenuntergang bewundert; auf der anderen Strassenseite seien sie von drei kleinen Ägypter-Buben beobachtet worden. Plötzlich sei einer von ihnen aufgesprungen und mit ausgestrecktem Finger auf ihn zugerannt: ‹Du, Papa Moll! Du, Papa Moll!› Zugegeben, die Ähnlichkeit sei nicht von der Hand zu weisen; er sei tatsächlich etwas rundlich und habe eine Glatze – gestaunt habe er trotzdem und auch versucht, mit dem Kleinen Kontakt aufzunehmen: ‹Kennst du also den Papa Moll?› Dieser habe ihn aber nur mit grossen Augen angeschaut, weil er kein Deutsch verstand – aber beharrlich habe er wiederholt: ‹Du, Papa Moll! Du, Papa Moll!› Dieses Erlebnis zeigt, dass Papa Moll sogar auch in Ägypten kein Unbekannter ist!»

Ich schmunzelte, wie liebevoll und nachsichtig sie über Papa Moll sprach, so als wäre er eine eigenständige Persönlichkeit, die sich zuweilen ihrem Einfluss entzog; gleichzeitig gab sie aber auch zu, dass sie sich fast ständig mit seinen Erlebnissen befasse: «Er ist schon ein Teil von meinem Leben geworden.»

Nicht nur für Edith Oppenheim-Jonas war Papa Moll ein Teil ihres Leben geworden – offenbar auch für viele Hörerinnen und Hörer von Schweizer Radio DRS 1; jedenfalls löste das Interview mit Ejo grosses Echo aus, und es kam zu einer Folgesendung, in der die damals 84-jährige Künstlerin im Studio Fragen aus dem Publikum beantwortete. Hoch konzentriert sass sie hinter dem Mikrofon, nahm geduldig Stellung und erzählte mit viel Witz und Esprit von lustigen Papa-Moll-Erfahrungen. Die Live-Situation (immerhin sprach sie zu einer halben Million Menschen) schien sie nicht im Mindesten nervös zu machen: Im Gegenteil, souverän und mit sichtlichem Spass meisterte sie die Herausforderung, wechselte locker von einem Thema zum nächsten und liess sich auch durch kritische Einwände nicht aus dem Konzept bringen. Für einmal jedoch konnte sie diese Radio-Erfahrung jedoch konnte sie nicht als Stoff für eine nächste Papa-Moll-Geschichte verwenden: Die Sendung war nämlich völlig pannenfrei über den Äther gegangen. Hier einige Beispiele von Zuhörerfragen und den Antworten von Ejo:

Welche Beziehung haben Sie zu Papa Moll?
Also meine Beziehung zu Papa Moll ist sehr eng: Ich mag ihn; ja, ich würde sogar sagen: Er ist wie ein eigenes Kind von mir. Und das hat sicher damit zu tun, dass die meisten seiner Erlebnisse auf persönliche Erfahrungen in meiner eigenen Familie zurückgehen; und das läuft auch heute noch so: Meine Kinder sind zwar längstens erwachsen – aber oft rufen sie mich an und sagen: «Oh, Mama, uns ist wieder eine typische Papa-Moll-Geschichte passiert! Hör mal zu…»; also die Ideen gehen nie aus – und sie sind alle aus dem wahren Leben gegriffen.

Was ist für Sie eine typische Papa-Moll-Geschichte?
Papa Moll will ja ein sehr guter Vater und Erzieher sein; aber in diesem Bestreben scheitert er immer wieder: Das Schicksal macht ihm einen Strich durch die Rechnung – jedem Menschen passiert das – und besonders den Kindern: Sie wollen die Erwachsenen imitieren, und bei dieser Gelegenheit geschieht eben ein Missgeschick – und dies ist vielleicht der Grund, warum gerade die Kinder den Papa Moll so gut verstehen.

Die Pointen bei «Papa Moll» sind auf Schadenfreude angelegt: Der arme Mann wird am Schluss immer ausgelacht; aber dies ist ja nicht unbedingt ein Charakterzug, den man in der Erziehung fördern sollte?
Papa Moll wird von den Kindern nicht ausgelacht, das stimmt nicht – sie lachen über ihn, weil sie ihn

in seinen Ungeschicklichkeiten verstehen; und sie lachen von ganzem Herzen – und auf diese Art können sie auch lernen, über sich selbst zu lachen –, und dies ist ja auch der Sinn des Humors: dass man auch über seine eigenen Schwächen lachen kann.

Was haben Sie sich gedacht, als Sie die ersten Skizzen von Papa Moll entwarfen?

Erstens musste er lieb und nett aussehen; und rundliche Menschen wirken sowieso immer netter und liebevoller; dann musste ich ihn aber auch so gestalten, dass ich ihn ununterbrochen wiederzeichnen konnte – ich habe ihn jetzt immerhin schon über 3000 Mal zu Papier gebracht; das heisst, ich musste darauf achten, dass ich für diese Figur nur ganz wenige und einfache Striche benötige; und dies ist mir auch gelungen; er ist unverwechselbar.

Ich habe übrigens lange hin und her überlegt, ob ich eine Mama Moll oder einen Papa Moll kreieren soll – und dann habe ich Folgendes gedacht: Mama Moll ist genauso ehrgeizig wie er, auch sie will eine gute Mutter und Erzieherin sein, aber sie ist eher zu Kompromissen genötigt, weil sie, als Hausfrau, fast ständig bei den Kindern ist. Er hingegen, der erst abends heimkehrt, kann hartnäckiger an seinen Vorstellungen und Erziehungsidealen festhalten; natürlich scheitert er dann auch häufiger, weil er mit dem praktischen Alltag weniger vertraut ist – und das ist auch lustiger, als wenn Mama Moll ein Missgeschick passiert.

Was ist Papa Moll eigentlich von Beruf?

Nun – die Geschichte findet ja innerhalb der Familie statt; und deshalb spielt die Berufstätigkeit keine Rolle – man könnte ihm also irgendeine Funktion anhängen.

Ihr Papa Moll vertritt ein klassisches, konservatives Familienbild – die Zeiten haben sich geändert; immer mehr Mütter sind auch berufstätig oder alleinerziehend. Würden Sie heute die Figur anders gestalten?

Ich glaube nicht – an und für sich besteht nämlich der Typus vom Papa Moll auch heute noch; und nun plötzlich den Spiess umdrehen und den Papa Moll zum Hausmann machen, würde auch nicht funktionieren.

Unlängst schlug mir ein Leser sogar vor, ich solle ihn doch Opa werden lassen. Das geht auch nicht; man kann einen Comic-Helden, der sich sein Publikum erobert hat, nicht einfach verwandeln; ihn zum Beispiel um Jahre altern lassen oder ihm eine Abmagerungskur verschreiben; das geschieht ja mit anderen Figuren wie Donald Duck, Asterix oder Tim und Struppi auch nicht. Was sich bei Papa Moll verändert hat, ist der Alltag, in dem er steckt: Er muss zum Beispiel mit den technischen Tücken bei neuen Haushaltsgeräten kämpfen; oder er versucht sich auch im Rollbrettfahren oder Gleitschirmfliegen – also insofern geht Papa Moll schon mit der Zeit.

Wie sind Sie auf den Namen «Moll» gekommen?
Wäre «Papa Dur» nicht viel fröhlicher gewesen?
Ja – der Name «Moll» ist entstanden, weil ich einen Namen suchte, den das kleine Kind gut aussprechen kann; und ein kleines Kind fängt ja häufig mit «M» – wie «Mama» an –, und Moll ist auch kurz und eignet sich gut für den Vers. «Dur» wäre für Kinder schwieriger zum Aussprechen. Zudem weist «Moll» auch schon auf die äussere Erscheinung hin: mollig.

Ich war zunächst der Meinung, dass es diesen Namen im wahren Leben gar nicht gibt: Vorgängig hatte ich nämlich das Zürcher Telefonbuch konsultiert und keinen einzigen Eintrag gefunden. In der Zwischenzeit musste ich aber erfahren, dass es sehr viele Leute gibt, die Moll heissen; es ist ein Solothurner Geschlecht.

Wo sehen Sie den Unterschied zwischen Kunst und Kitsch?
Zuerst: Comics haben lange Zeit als Kitsch gegolten – aber neuerdings hat man festgestellt, dass der Comic auch eine eigenständige Kunstform sein kann. Kunst und Kitsch? Wo ist die Grenze? Ich möchte in diesem Zusammenhang Pablo Picasso zitieren; der sagte einmal: «Wenn man mich fragt, was ist Kunst, vermag ich keine Antwort zu geben; und wenn ich sie auch wüsste – ich würde sie niemandem verraten.»

Papa Moll im Comic-Kontext

**Ein Schweizer Klassiker der Bild-Erzählung
und die Tradition der US-amerikanischen Familien-Comics**

Urs Hangartner

«Papa Moll» steht, ohne dass dieser Umstand seiner Schöpferin bewusst gewesen wäre, in einer jahrzehntelangen Traditionslinie der sogenannten Familien-Comics, wie sie sich in den USA bereits in der Frühzeit der Comic-Geschichte herausgebildet haben. Eine kleine Umschau auf als Klassiker geltende amerikanische «family strips» soll zeigen, in welchem internationalen Comic-Kontext die Geschichten von «Papa Moll» auch zu sehen sind. Und es wird in Selbstzeugnissen von Edith Oppenheim-Jonas dargelegt, mit welchen Vorgaben und welchem Selbstverständnis die Zeichnerin an ihr Erfolgswerk ging.

Der deutsche Comicologe Andreas Knigge definiert die Gattung der Familien-Comics als «Comics, mit deren Akteuren sich die aus Durchschnittsfamilien stammenden Leser identifizieren können. Entstanden um die Jahrhundertwende auf den Seiten der amerikanischen Tageszeitungen.» (Knigge 1988, 466)

Die zum Teil sich über viele Jahrzehnte hinweg auf dem vornehmlich US-amerikanischen Zeitungsmarkt haltenden Familien-Comics beenden ihre eigentliche Blütezeit in jener Epoche, als das aufkommende neue Medium Fernsehen langsam, aber sicher der neue Mittelpunkt des familiären Unterhaltungsangebots zu werden und das bisherige gemeinsame Bildmedium Comic zu verdrängen beginnt. Denn Familien-Comics meint immer auch zweierlei: Einmal verhandeln diese Spielarten der Comics das Thema Familie; sie heissen aber auch Familien-Comics, weil die ganze Familie das Lesepublikum bildet. Mit anderen Worten: Familien-Comics sind Serien über und für Familien.

Das Fernsehen ist das eine «Verdrängungsmedium», aber den Familien-Comics erwächst auch aus den eigenen Reihen Konkurrenz: «Die Familien-Comics verloren in dem Masse an Bedeutung, in dem die Comics aufhörten, gemeinsamer Lesestoff der ganzen Familie zu sein, und mit der Entwicklung der ‹Comic Books› [‹Heftli› – Anm. U. H.] ihre Inhalte auf verschiedene Publikumsgruppen hin differenzierten.» (Seesslen/Kling, 159)

Die Familie bleibt in den Comics auch nach dem Niedergang der eigentlichen Familien-Comics als Thema gegenwärtig, sei es in «Tarzan» oder in «Ritter Eisenherz», sei es in den Super-

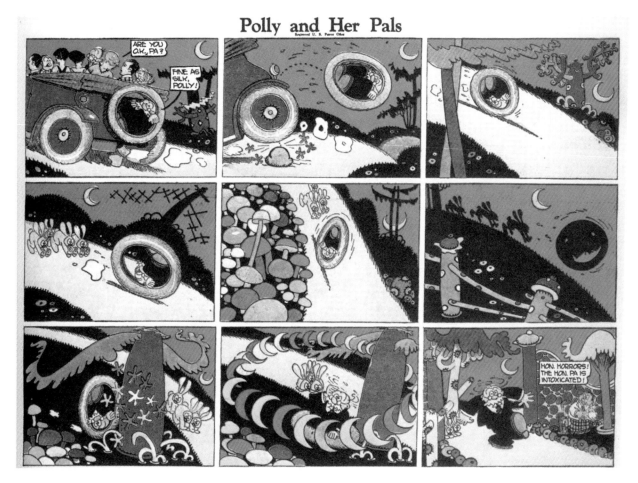

185 **Ausschnitt aus «Polly and Her Pals» von Cliff Sterrett, 1927.**

helden-Geschichten oder in den vertrackten verwandtschaftlichen Verhältnissen der Ducks in Entenhausen.

Familien-Comics können einem Alltagsrealismus verpflichtet sein, gewissermassen eine Wirklichkeit treu abbilden, oder aber auch ihre Leserschaft in fantastische (Traum-)Welten entführen. Zur Leserbindung bauen Familien-Comics auf ein überschaubares vertrautes Personal. Die Serien können nach dem Prinzip der Fortsetzung und der Entwicklung (auch in biografischer Hinsicht) funktionieren; wie «Papa Moll» bleiben andere in sich, in der jeweiligen Episode abgeschlossen und steuern in der einzelnen Bilderfolge auf eine Pointe zu.

In den Comic-Stammlanden USA bilden sich also bereits in den Frühzeiten die Familien-Co-

mics («family strips») als populäres Genre heraus. Sie erscheinen in den Tageszeitungen in täglicher Erscheinungsweise und – in Farbe – in deren Sonntagsausgaben.

Einen ersten Klassiker liefert ab Dezember 1912 Cliff Sterrett mit seiner Serie «Polly and Her Pals». Hauptthema der Geschichten ist nicht etwa die Titelschöne, sondern ihr ungefähr 60-jähriger Vater Sam Perkins, genannt Paw. Im Zentrum stehen Paws altmodische Denkart und sein Kummer, den ihm die Familie beschert. Polly, das Einzelkind, besitzt einen ausgeprägten Modefimmel und Unmengen von wechselnden Liebhabern. Mit im Spiel des Familienverbundes ist auch die Katze Kitty, ein wortloses Haustier, das im stummen Ausdruck allerdings sehr beredt wirken kann. Die Serie ist voller komischer Seitenhiebe auf ge-

186 **Ausschnitt aus «Bringing Up Father» von George McManus, 1918.**

sellschaftliche Phänomene wie Modetorheiten, Alkoholverbot, Frauenwahlrecht oder auch den aufkommenden Jazz. Mitte der 1920er-Jahre ist ein eigentlicher formaler Quantensprung bei «Polly and Her Pals» zu beobachten. Zeichner Sterrett beginnt mit den Hintergründen seiner Bilder zu experimentieren, es entwickelt sich eine eigentliche visuelle Pracht in expressionistischen Dekors. Im folgenden Jahrzehnt erweitert Sterrett sein zeichnerisches Ausdrucksspektrum durch abstrakte Muster mit kubistischen Zügen, wo auch eine Art «Bühnenbeleuchtung» bisher ungesehene Comic-Kunst mitformt.

1913 ist das Geburtsjahr von «Bringing Up Father». George McManus beschreibt darin die Schwierigkeiten einer neureichen irischen Einwandererfamilie mit ihrem gewöhnungsbedürftigen neuen sozialen Status. Familienoberhaupt Jigg, ehemaliger Bauarbeiter und zum Unternehmer aufgestiegen, dabei eigentlich volkstümlich geblieben, träumt den alten Verhältnissen nach (das geliebte Bier mit Kumpeln von einst in der Beiz); sein hysterisch gezeichnetes Ehegespons Maggie repräsentiert den Inbegriff eines snobistisch gewordenen Hausdrachens; derweil Tochter Nora puppenhaft hübsch und buchstäblich dämlich erscheint und Sohn John Sonny die Charak-

187 **Ausschnitt aus «The Gumps» von Sidney Smith, 1917.**

terzüge «frech» und «stinkfaul» in sich vereint. Die Ökonomie bleibt in «Bringing Up Father» nicht aussen vor, wie der Umstand belegt, dass im Jahr 1938 der Comic-Unternehmer Jiggs sein ganzes Vermögen verliert. McManus besticht vor allem formal in seinem umwerfenden Stilmix aus Art-Deco-Strich und volkstümlicher Karikaturenkunst. Die Serie wird nie zur Satire, bleibt tendenziell harmlos und zeigt seine Comic-klassischen Qualitäten vor allem in der Form. Dennoch: Einige Interpreten wollen aus diesem Strip gar eine kleine «comédie humaine» à l'Américaine herauslesen. McManus' Zeichenkunst inspiriert in Europa massgeblich das seinerseits wiederum stilbildende Schaffen von Georges Remi alias Hergé («Tim und Struppi»).

Der amerikanische Zeitungsverleger Joseph Patterson fand es 1917 an der Zeit, in seinem Blatt «Chicago Herald Tribune» Comics über «wirkliche Menschen» erscheinen zu lassen, statt wie bis anhin üblich über Slapstick-Clowns. Sie sollten, so die Absicht Pattersons, als richtige Fortsetzungsserien konstruiert werden (statt wie bisher als nur lose verbundene Gag-Sequenzen). Neu sollte nicht einfach beim letzten Bild ein Lacher platziert sein, sondern der Spannungsbogen einer Fortsetzungsgeschichte gebaut werden. So kommt es, dass Zeichner Sidney Smith am 19. Februar 1917 mit «The Gumps» starten kann, einer Serie, die schnell, mit über 12 Millionen Lesern, zum nationalen Bestseller wird und Smith zum bestbezahlten Comic-Zeichner seiner Zeit werden lässt. Ihren Ausgangspunkt nehmen «Gumps»-Geschichten im realen Alltag, der ins Übertriebene, ja Groteske gewendet wird. Immer bleibt die Wirklichkeit erkennbar, sodass sich auch «Mr. und Mrs. America» in der gezeichneten Welt wiedererkennen können. Melodramatische Züge sind in «The Gumps» auszumachen, und wie gross die Anteilnahme über das dramatische Geschehen beim Publikum ist, belegen die unzähligen Leserbriefe, die auf den Zeitungsredaktionen zum Thema «The Gumps» eintreffen.

Eine Frühform der spätestens im TV-Zeitalter epidemisch werdenden Soap Opera, nur eben in gezeichneter Form, bildet Frank Kings «Gasoline Alley» ab 1918. Ausgehend von der Einbildserie um eine Gruppe autobesessener Freunde, wird auf der Suche nach einer neuen epischen Erzähl-

188 Ausschnitt aus «Gasoline Alley» von Frank King, nach 1918.

weise ein eigentlicher Comic geboren, unter der Verlegerbedingung, dass auch etwas fürs weibliche Lesepublikum geboten wird. So mausert sich «Gasoline Alley» bald zu einer Art Comic-Institution der USA. Die Protagonisten leben in der jeweiligen Gegenwart und wachsen und entwickeln sich mit der Zeit. «Gasoline Alley» ist der allererste Comic in der Geschichte, in dem die Protagonisten wirklich älter werden. Am Valentinstag 1921 findet der Held Walt Wallet vor der Haustür ein männliches Baby in einem Korb. Von nun an hat er eine Vaterrolle zu übernehmen; mit der Heirat fünf Jahre später wird es eine richtige Familie. Das Baby Skeezik wächst heran, wird Teenager mit Liebeskummer; 1942 heiratet Skeezik seine Jugendliebe, zusammen werden sie 1949 selbst Eltern. Die

Serie spielt mit dem Prinzip der Identifikation, sie holt ihr Publikum in ihrem eigenen Alltag ab. So werden etwa, nachdem Skeeziks und Ninas Sohn geboren wurde, die Vorteile des Stillens gegenüber der Flasche diskutiert. Grundsätzlich ist die in einer Kleinstadt spielende Serie idyllisch geprägt, die Akteure verharren in ihrer Durchschnittlichkeit, von Scheidungen oder schwereren Krankheiten oder ernsthaften Konflikten bleiben sie alle verschont. Eine Wunschwelt des amerikanischen Way of Life wird in «Gasoline Alley» anschaulich vorgeführt.

1930 startet die international erfolgreichste Familienserie: «Blondie» von Chic Young taucht in den Anfangsjahren ein in die Depressionsära. Blondie Boopadoop und Dagwood Bumstead sind die herausragenden Helden der Geschichte, die

1933 heiraten. 1934 kommt mit Dumpking das erste Baby in einem Comic-Strip zur Welt. Damit es überhaupt dazu kommen kann, muss Dagwood 28 Zeitungstage lang in einen Hungerstreik treten, bevor ihm der Vater die Zustimmung zur Heirat erteilt. «Blondie», durchwirkt von verhaltener Erotik, ist das mit Abstand langlebigste Comic-Phänomen überhaupt. Nach mehr als 70 Jahren Laufzeit erscheint die Serie noch heute in über 200 Zeitungen weltweit und erreicht so ein über 250 Millionen zählendes internationales Publikum. «Blondie» wird von mehreren Generationen neuer Zeichner fortgeführt und lässt in seiner epochalen Dimension dieses zu: eine Kulturgeschichte des Familienbildes im Wandel der Jahrzehnte.

Augenscheinliche Parallelen zum Bilderuniversum von «Papa Moll» weist der deutsche Pantomimen-Comic* «Vater und Sohn» von e.o.plauen (Erich Ohser, 1903–1944) auf. Nicht nur gleichen sich die Vaterfiguren (schütteres bis ganz fehlen-

des Haupthaar), «Vater und Sohn» wie «Papa Moll» werden zu Publikumsgrosserfolgen. «Vater und Sohn», in der «Berliner Illustrirten Zeitung» am 13. Dezember 1934 gestartet, kommt überaus schnell an: Schon 1935 erscheint ein Sammelband mit 50 Episoden in Buchform und wird 90 000 Mal verkauft. Erich Ohser, der bei den Nazis als politischer Zeichner beim sozialdemokratischen «Vorwärts» in Ungnade gefallen war, wird mit einem Berufsverbot belegt, erhält von Goebbels' Propagandaministerium allerdings die Erlaubnis, unter Pseudonym «unpolitische Zeichnungen» zu veröffentlichen. «Vater und Sohn» erscheint in der «Illustrirten» jeweils auf den Romanseiten im Wochentakt. Insgesamt sind es zwischen Ende 1934 und Ende 1937 157 Folgen.

Hat Edith Oppenheim-Jonas «Vater und Sohn», zwei Jahrzehnte vor «Papa Moll» erschienen, gekannt? War sie gar von plauens Comic beeinflusst? Ganz und gar nicht, erklärt die Künstlerin 1991 in einem Interview mit Cuno Affolter: «Ich kannte zwar ‹Vater und Sohn›. Ich finde es ein ausgezeichnetes Buch. Aber es ist ein ganz anderer Vater. Das Verhältnis von Vater und Sohn ist so: Der Vater stellt sich bei ‹Vater und Sohn› auf die gleiche Stufe wie der Sohn. Im Kurpark läuft er auch auf dem Geländer, wo er nicht dürfte, mit dem Sohn. Er macht alles mit dem Sohn, als Kamerad. Der Sohn schätzt ihn deswegen. Das ist bei mir das Gegenteil: Moll ist nicht der Kamerad seiner Kinder, sondern er will ja der gute Erzieher, das Vorbild, der gute Vater sein. Er

*Pantomimen-Comics: Bilderzählungen, die entweder gänzlich auf Text verzichten und die Bilder allein sprechen lassen (wie gerade das Beispiel von «Vater und Sohn» oder auch die Arbeiten des Zürcher Comic-Zeichners Thomas Ott); oder der Text wird nicht im klassischen Comic-Sinn in Sprechblasen platziert, sondern findet sich ausserhalb der Bilder, direkt zum Bild dazugestellt wie bei «Papa Moll» oder separat als Lesetext wie bei «Globi», wo im besten Fall die «stummen» Bilder für sich als Erzählung funktionieren und die (ebenfalls gereimten) Texte einen erzählerischen Mehrwert bieten können.

189 **Die Familienserie «Blondie» von Chic Young, 1933.**

hat eine ganz andere Formation. Dann kommt noch dazu, dass er sowieso Familie hat; er hat ja nicht nur einen Sohn. Es ist anders geartet: Es ist, wie gesagt, ein anderer Vater; sonst dürfte man ja überhaupt nie mehr etwas mit einem Vater machen.» (Dieses und die folgenden Zitate aus: Affolter 1991)

«Papa Moll» ist sozusagen ein urschweizerisches Phänomen, das sich ja gerade als eine Art «Anti-Comic» versteht, wenigstens was die Ausgangslage bei der Entstehung der Serie angeht: «Pro Juventute führte damals gerade einen Kampf gegen Schundliteratur in der Schweiz und sie schrieben dem ‹Junior›, sie seien einfach der Ansicht, dass diese Comics nicht gut seien für die Kinder, weil sie mit diesen Sprechblasen das Bild irgendwie zerstören. Das kleine Kind wird verunsichert. Es sieht das Bild nicht richtig. Sie sollen doch einmal schauen, ob sie nicht jemanden finden, der einen guten Comic in dem Sinne machen würde. Die sind dann an mich herangetreten, weil die von mir schon gehört haben, dass ich schon solche Malbüchlein gemacht habe. Und sie haben mich gefragt, ob ich so eine Geschichte machen würde. Und sagte ich: Doch, gerne, und habe mir das dann lange überlegt. Also ehrlich gesagt,

habe ich auch an eine Mama Moll gedacht. Ich wollte also von vornherein etwas, was das Kind gut versteht, was sich also in seinen vier Wänden abspielt. Nicht eine Geschichte, wo sie nach Südamerika und an den Nordpol verreisen. Ich fand, das gebe es genug.»

Explizit für ein Kinderpublikum gedacht, erweitert sich die Leserschaft aber auch auf die Erwachsenenwelt, wenn diese «Papa Moll» mitliest.

Wie die meisten Familien-Comics widerspiegelt auch «Papa Moll» eine – verdichtete, verkürzte, pointiert verfremdete – Wirklichkeit, aus dem Selbsterlebten geschöpft: «Alle Geschichten, die ich gemacht habe, sind erlebt! Aber nicht alle in meiner eigenen Familie. Zum Beispiel in meiner Jugend oder in meiner Familie oder bei Bekannten von mir.»

Im Selbstverständnis von Edith Oppenheim-Jonas handelt es sich bei Papa Moll dezidiert um eine Schweizer Figur: «Ich persönlich empfinde Papa Moll als Figur schon als schweizerisch. Ich meine, er ist natürlich ein rundlicher Schweizer, so rundlich sind jetzt vielleicht nicht furchtbar viele, aber ich machte ihn rundlich, denn wenn Sie etwas Lustiges machen, müssen Sie es meistens

rundlich machen, denn das Spitze ist nicht lustig. Wenn ich jetzt einen bösen Vater machen würde, würde ich ihn ganz mager machen, mit allem so spitz. Aber Papa Moll, der ja ein Lieber sein will und alles, den musste ich einfach rundlich machen.»

Als sie mit «Papa Moll» anfängt, kennt Edith Oppenheim-Jonas nur wenige internationale Comic-Arbeiten – «‹Micky Maus› und in Deutschland den einen oder anderen in so Heftli, aber diese Neuen habe ich nicht gekannt. Die habe ich dann erst später kennen gelernt». Obwohl ihr das Traditionsbewusstsein des Bildmediums weitgehend fehlt, sieht sie sich als Comic-Zeichnerin, «weil ich unter dem Begriff Comic eigentlich eine lustige Geschichte verstehe und verstanden habe, immer. Und ich finde es eigentlich irgendwie ein bisschen lustig, dass man heute das alles Comic nennt, was ja dann eigentlich nicht mehr Comic ist; Comic heisst ja komisch.»

Comic-Komisches in einer unverwechselbaren schweizerischen Ausprägung, das hat Edith Oppenheim-Jonas in ihren «Papa Moll»-Geschichten mit ungemein populärer Breitenwirkung aufs Schönste realisiert.

Literatur

Affolter, Cuno: Interview mit Edith Oppenheim-Jonas, geführt in Baden am 10. April 1991, unveröffentlichtes Typoskript.

Blackbeard, Bill; Williams, Martin: The Smithsonian Collection of Newspaper Comics. Washington 1977.

Blackbeard, Bill: 100 Jahre Comic-Strips. Hamburg 1995.

Groensteen, Thierry: Histoire de la BD muette. In: 9e Art. Les Cahiers du Musée de la bande dessinée no 2 (60–75); no 3 (92–105). Centre National de la Bande Dessinée et de l'Image CNBDI, Angoulême 1997/1998.

Harvey, Robert C.: Children of the Yellow Kid. The Evolution of the American Comic Strip. Frye Art Museum Seattle 1998.

Knigge, Andreas C.: Comic Lexikon. Frankfurt a. M., Berlin 1988.

Knigge, Andreas C.: Alles über Comics. Eine Entdeckungsreise von den Höhlenbildern bis zum Manga. Hamburg 2004.

Knigge, Andreas C.: 50 Klassiker. Comics. Von Lyonel Feininger bis Art Spiegelman. Hildesheim 2004.

Morgan, Harry: Le daily strip américain dans les années 90, 9e Art. Les Cahiers du Musée de la bande dessinée no 5. Centre National de la Bande Dessinée et de l'Image CNBDI, Angoulême 2000, 74–85.

Schröder, Horst: Die ersten Comics. Zeitungs-Comics in den USA von der Jahrhundertwende bis zu den 1930er-Jahren. Reinbek 1982.

Seesslen, Georg; Kling, Bernt: Unterhaltung. Lexikon zur populären Kultur. Band 2: Komik. Romanze. Heimat und Familie, Sport und Spiel. Sex. Reinbek 1977.

Der Autor dankt Cuno Affolter, Bibliothèque Municipale Lausanne, für wertvolle Hinweise und für das Zurverfügungstellen seines 1991 mit Edith Oppenheim-Jonas geführten Interviews. Lieben Dank an Julian Heller, Luzern, für die «Papa Moll»-Geschichten.

Edith Oppenheim und die Badener Fasnacht

Klaus Streif

Eine Fasnacht ohne die aktive Mitwirkung von Edith Oppenheim war in Baden während Jahrzehnten schlicht undenkbar. Und dies, obwohl nur einem kleinen Kreis von «Insidern» das ganze Ausmass der fasnächtlichen Aktivitäten dieser begnadeten Künstlerin bekannt war. Was die breite Öffentlichkeit wusste, fasste der kurz zuvor von Baden nach Unterentfelden umgesiedelte «Kellerpoet» Robert Mächler in einem ersten Edith-Oppenheim-Porträt in den «Badener Neujahrsblättern» von 1965 mit dem Satz zusammen: «In Baden schätzen weite Kreise ihre Fasnachts- und Festdekorationen, Gebilde einer witzigen, einfallsreichen Phantasie, die sich in drastischen Vereinfachungen mitteilt.»

Malen von Fasnachtsdekorationen

Begonnen hatte diese Dekorationstätigkeit bereits 1949. Anneliese Dorer-Merk, damals noch unverheiratet, erinnert sich: «Ich war noch an der Kunstgewerbeschule in Zürich, als mich Kursaal-Direktor Paul Hafen fragte, ob ich die Dekoration im Kursaal gestalte. Als ich die grossen Säle sah, fragte ich Edith Oppenheim, ob sie mitmache

beim Malen. Als wir dann zusammen die Räumlichkeiten besichtigten, kamen plötzlich viele Ideen. Voller Eifer malten wir im Keller die grossen Bilder – 2,6 Meter Breite mal 4 Meter Höhe. Wir bemalten jeden Raum; es kamen immer mehr Ideen zusammen. Obwohl wir verschieden malten, wirkte die Dekoration doch als gesamtes Bild.» Das Ergebnis muss buchstäblich umwerfend gewesen sein, denn kein Geringerer als Verleger und Chefredaktor Otto Wanner, journalistisch ansonsten eher der grossen Weltpolitik zugetan, schrieb am 26. Februar 1949 im «Badener Tagblatt»: «Die beiden Künstlerinnen, die dieses Jahr mit der Fasnachtsdekoration des Kursaales betraut wurden, haben die Erwartungen ihrer Auftraggeber weit übertroffen. Frl. Annelies Merk aus Nussbaumen hat den grossen Saal, das Restaurant und den Spielsaal fast überreich geschmückt und damit eine sehr schöne Probe ihres jugendlichen Talentes abgelegt. Ganz besonders gelungen scheint mir die Umwandlung des Restaurants in einen Teufelskeller. Man kann sich beim Anblick der bizarren Gestalten eines leichten Gruselns kaum erwehren. Die Bar ist von Frau Edith Oppenheim-Jonas

190 **Fasnachtsdekorationen im Kursaal Baden.**
Motto «Paris», 1965.

geschmückt worden. Hier haben wir die Leistungen eines ausgereiften zeichnerisch-karikaturistischen Talentes. Die an beste Beispiele des ‹Nebelspalters› erinnernden Bilder verdienen eher eine Besichtigung als die eine oder andere Kunstausstellung, wie sie gelegentlich geboten werden.»

Für die ersten Jahre traf für die Kursaal-Dekoration die von der Spanischbrödlizunft als Fasnachtsorganisatorin in einer Zeitungseinsendung von 1949 gemachte Aussage zu: «Die Verschiedenheit der Motive lässt kein Motto für das Ganze zu.» So hiess es 1950 zum Beispiel, die sonst recht nüchternen Lokalitäten seien in «afrikanische Wildnis, Paris de Montmartre und in eine fröhliche Kunstausstellung» verwandelt worden. Und, was weit wichtiger ist: «In prächtiger kollegialer Gemeinschaft (den Herren der Schöpfung aus verschiedenen Branchen ein leuchtendes Beispiel!) haben

die beiden Künstlerinnen das Ganze in einen Guss gebracht.» Ein Jahr später schreibt Korrespondent wz. (Walter Zehnder) im «Badener Tagblatt» unter anderem: «Frau Oppenheim hat das Restaurant mit einem farbenfrohen Bilderbuch voller köstlicher Hollywood-Filmszenen ausgeschmückt. Die Bühne als Schiffsdeck, die Beleuchtungskörper als Filmkameras und die in kontrastreichen Farben, mit markanten Pinselstrichen karikierten, ulkigen Ausschnitte aus dem vielbelächelten Film-Bluff-Zauber werden ‹girls and boys› in fasnächtliche Badener Filmstars verzaubern. ‹In jedem Manne steckt ein Kind›, das wird der Kindergarten in der Bar zu bestätigen wissen. Frau Oppenheim hat auch diesen Schmollwinkel mit grossartiger Phantasie in eine Atmosphäre getaucht, in der wir uns alle wohl unbeschwert unsere schlimmsten Jugendstreiche verraten werden.»

191 «St.Tropez», 1963.

Solche und ähnliche Lobeshymnen liessen sich hier noch seitenlang wiederholen, und zwar bis und mit 1969, dem letzten Jahr, in dem der Kursaal für die Fasnacht kunstvoll dekoriert wurde (nachher gab es laut Anneliese Dorer «nur noch gekaufte Girlanden und Lampions»). Dabei hatten es die beiden Künstlerinnen mitnichten immer leicht. Sie mussten zum Beispiel mit nicht weniger als sechs Direktoren zurechtkommen: Paul Hafen (bis 1950), Jean Stilli (1950–1955), Max Plattner

(1955/56), Johann Hausammann (1956–1962), Peter Sarasin (1962–1968) und Hans Finster (ab 1968). Aber, so Anneliese Dorer: «Alle waren sehr nett zu uns, mussten sie doch auch manchmal ein Auge zudrücken, wenn wir mit Leitern und Farbkübeln die Räume beherrschten.» Ohne diverse Helfer ging es allerdings nicht. Namentlich erwähnt werden in den Aufzeichnungen immer wieder Max Käufeler, Fredi Bruggmann, René Weidmann sowie vor allem Willi (mit vollem Namen Willi Busatta). Unter seinem Vornamen Willi war das Fak-totum (lat. «tu alles!») des Kursaals stadtbekannt. Er wusste alles, kannte jeden Gegenstand und hatte jeden Schlüssel. Kurz: Ohne ihn lief damals im Kursaal rein gar nichts.

Dennoch blieben den Künstlerinnen auch Unbilden nicht erspart. Denn wie sie fertig waren mit ihren Dekorationen, erschien jeweils der Prä-sident der ortsbürgerlichen Kursaal-Kommission, der Arzt Dr. Josef Weber-Sutter (1888–1966), um al-les zu begutachten. Er hatte stets seine vier Jahre jüngere Frau Elsa Nathalia im Schlepptau, die als «Zensorin» amtete und sorgsam darauf achtete, dass auf keinem der vielen Bilder irgendetwas

192 **Motto «Grand Prix», 1967.**

Anstössiges zu sehen war. Nur gerade im Champagnerstübli sei sie manchmal bereit gewesen, «murrend ein Auge zuzudrücken», schreibt Anneliese Dorer in ihren Erinnerungen. Einmal aber – im Jahr 1965 beim Motto «Créations de Paris» – soll Frau Weber total ausgerastet sein. Da hing doch eine Tänzerin an einem Seil, und die trug nur einen kleinsten Slip. Diese Figur müsse bekleidet werden, verlangte sie. Als Louis Ascher, Mitbesitzer vom Kaufhaus Schlossberg, beim Jassen im Kursaalstübli von dieser Geschichte erfuhr, eilte er in sein Geschäft und brachte den Künstlerinnen Stoff. Daraus fertigten diese der Tänzerin ein Röckchen, das sich allerdings anheben liess, wovon dem Vernehmen nach häufig Gebrauch gemacht wurde. Die neugierigen Männer entdeckten indessen keine Blösse, sondern vielmehr einen Zettel mit dem Wort «Ätschi!».

Eine andere, ebenso lustige Episode hatte sich schon 1960 ereignet. Damals wurde der Kursaal – einmal mehr – umgebaut. Für die Künstlerinnen war kein Platz da zum Malen. Doch sie konnten im Amtshaus an der Rathausgasse, im 1. Stock über dem städtischen Polizeiposten, vorübergehend ein Zimmer beziehen. Anneliese Dorer erinnert sich: «Der Raum war zu klein, um die grossen Dekorationsteile nebeneinander zu legen. Also machten wir zuerst einen Plan, und zum Glück passten die Bilder dann zusammen. Die Polizei brachte uns Kaffee, manchmal auch einen entlaufenen Hund, und Konditor Disler brachte uns Brötchen. Uns ging es also gut! Einmal sass ich am Fenster und schaute auf die Gasse. Da rief ein junger Mann mir zu: ‹Warum hockisch?› Ich sass nie mehr an das Fenster!»

Angemerkt muss an dieser Stelle noch werden, dass die beiden Künstlerinnen – zumindest in den ersten Jahren – fast um Gotteslohn schufteten. Für rund zwei Monate Arbeit bekamen sie nebst einem feinen Nachtessen gerade mal 400 Franken – wohlgemerkt: zusammen! Später stieg die Entschädigung allmählich auf 2000 Franken. In den Akten von Edith Oppenheim ist aber auch eine von Hand geschriebene Karte vom 31. März 1965 erhalten, auf der Kursaal-Direktor Peter Sarasin den beiden Damen «zur gefl. Kenntnisnahme» was folgt mitteilt: «In sehr enger Zusammenarbeit mit sich selbst und seinem tit. künstlerischen Gewissen hat der Kursaaldirektor von der unendlich schönen Stadt Baden in kurzer, aber nichts desto weniger sehr intensiven Sitzung wie folgt beschlossen: Es sei der jährliche Fasnachtszustupf ins Sparkässeli der resp. Kinder in dem Sinne zu ergänzen, dass nicht wie bis dato mit einer Pauschalsumme von zwotausend Schwizerfränkli, sondern mit einer solchigen von total dreitausend ab dem Jahr 1966 gerechnet werden soll.»

Wie Edith Oppenheim nebst aller Arbeit für den Kursaal noch Zeit fand, auch andere Lokale im Alleingang fasnächtlich zu dekorieren – so zum Beispiel von 1952 bis 1956 nachweislich das damalige Hotel Bahnhof – ist eine offene Frage.

193 Fasnachtsprogramm der Spanischbrödlizunft zum
berühmten Chräbeli-Ball im Kursaal Baden. «Mit Cäsar
und Cleopatra in Baden», 8. Februar 1964.

194 «Safari-Grosswildjagd», 19. Februar 1966.

Gestaltung von Fasnachtseinladungen und so weiter

Auf die Dekoration verschiedenster Räumlichkeiten beschränkte sich das fasnächtliche Wirken Edith Oppenheims aber keineswegs. Vielmehr war sie auch eine unerreichte Meisterin in der Gestaltung von Fasnachtseinladungen. Handelte es sich anfänglich noch um einige wenige Figürchen in den gedruckten Fasnachtsprogrammen der Spanischbrödlizunft, so wurden daraus im Lauf der Zeit eigentliche, mehrfarbige Kunstwerke mit lustigen Zeichnungen und von Hand geschriebenen Texten. Einige Originale – allesamt aus den 1960er-Jahren und als Einladungen zum traditionellen Chräbeli-Ball gestaltet – sind in den Akten von Edith Oppenheim gottlob erhalten geblieben. So zum Beispiel zu den Ball-Mottos «St. Tropez» (1963), «Mit Caesar und Cleopatra in Baden» (1964), «Safari» (1966) und «Grand Prix» (1967). Dass sich die Künstlerin nicht allein mit dem Malen und Zeichnen befasste, sondern persönlich auch Druckofferten einholte oder mit der Post über das Format der Einladungen verhandelte, damit diese als Drucksachen (für 5 Rappen) anstatt als Briefe (für 10 Rappen) versandt werden konnten, sei am Rand auch noch angemerkt. Und dass es nicht bei diesen Einladungen blieb, sondern dazu noch Plakate für die verschiedenen Fasnachtsveranstaltungen im Kursaal sowie regelmässig auch die «Helgeli» für die Schnitzelbank der Täfeli-Clique kamen, versteht sich fast von selbst.

195 **Werbeplakat «MiniHippyTräumli» für die Maskenbälle 1968.**

Zur Täfeli-Clique, die personell weitgehend identisch war mit der Spanischbrödlizunft, sei noch vermerkt, dass Edith Oppenheim – wiederum zusammen mit Anneliese Dorer – jahrelang für die Gestaltung von deren Fasnachtsauftritten verantwortlich zeichnete. Sie malte die Sujets für den sonntäglichen Umzugswagen. So zum Beispiel (1954) das «Badener Spätblatt» nach Problemen mit einer neuen Druckmaschine beim «Badener Tagblatt» oder (1955) die «Grossstadt Wettingen» mit einem protzigen Rathaus und vielen Kühen, die von einer irrtümlich überbauten Wiese vertrieben werden, oder

196 Josef Suter, Viceammann und Präsident
Altersheimkommission.

197 Peter Conrad, Präsident Budget- und
Rechnungskommission.

198 Robert Senn, Forstkommission.

199 Dr. Josef Weber, Präsident Kursaalkommission.

«Die ewig Grossen Vier» der Ortsbürgergemeinde Baden. Umzugssujet der «Täfeli-Clique» an der Fasnacht 1956.

(1956) «Die ewigen Grossen Vier», jene Männer, welche seit Jahrzehnten die Geschicke der ortsbürgerlichen Domänen betreuen. Im «Badener Tagblatt» vom 13. Februar 1956 hiess es dazu: «Auf dem künstlerisch bestgelungenen Wagen, der eine geübte Zeichner(innen)-Hand verriet, fuhren als ewige grosse Vier nicht etwa bekannte Persönlichkeiten der Weltpolitik, sondern sesshafte ortsbürgerliche Eminenzen in vorzüglichen Karikaturen vorüber.» Anneliese Dorer andererseits schuf jeweils die Gipsmodelle für die Larven der Umzugsteilnehmer, die anschliessend in der Metallwarenfabrik Merker AG «ausgedrückt» und bemalt wurden, und so weiter.

Illustration von Fasnachtszeitungen

Dass einer so vielseitig begabten und gleichzeitig so humorvollen Frau wie Edith Oppenheim die Badener Fasnachtszeitungen nicht «wurst» sein konnten, liegt auf der Hand. Nachweislich schon 1929 erschien eine heitere Illustration von ihr in der von der Literarischen Gesellschaft herausgegebenen «Badener Galle» Nummer 5. Hartnäckige Gerüchte, wonach sie schon 1923, im jugendlichen Alter von 16 Jahren, mit solchen Karikaturen begonnen habe, sind nachweislich falsch (vgl. Sammelband der ersten 50 Ausgaben im Archiv der Stadtbibliothek Baden). Sicher ist jedoch, dass Edith Oppen-

**Entwürfe für Umzugswagen und Täfeli-Clique, 1962.
Motto «GW (Grössenwahn) – Gross-Stadt Wettingen».**

heim von 1951 bis 1987 *die* Illustratorin der «Badener Fasnacht-Zytig (Die Gelbe)» war. Dieses von der Spanischbrödlizunft herausgegebene Nachfolge-Organ der «Badener Galle» erschien anfänglich in reiner Textform. Ab Nr. 21 tauchten darin plötzlich auch Karikaturen auf. Zuerst lediglich zweispaltig, ab 1957 mit einem halbseitigen «Titelbild», das ab 1964 bereits drei Viertel der Frontseite einnahm und ab 1966 jeweils die ganze erste Seite ausfüllte. Und weil Edith Oppenheim nicht nur ein fotografisches Gedächtnis besass, sondern zugleich mit der Gabe begnadet war, dieses direkt aufs Papier umzusetzen, brauchten zumindest die «Insider» die Namenstäfelchen neben den abgebildeten Personen gar nicht zu lesen: Alle waren klar erkennbar! Mit dem Wechsel zum Tabloïd-Format bei gleichzeitigem Übergang zu einer Fasnachtsbeilage des «Badener Tagblatt» erschien in der Blattmitte ab 1979 auch das berühmt-berüchtigte doppelseitige «Wimmelbild». Wer darauf nicht figurierte, wusste definitiv, dass er ein Niemand war oder – zumindest im abgelaufenen Jahr – in der Öffentlichkeit keine Rolle gespielt hatte.

In den über 40 Jahren ihrer Illustrationstätigkeit für «Die Gelbe» zeichnete Edith Oppenheim rund 250 Karikaturen jeglicher Grösse für das offizielle Badener Fasnachtsorgan. Und dies praktisch immer unter enormem Zeitdruck, der ihr aber rein gar nichts auszumachen schien. Man brauchte ihr lediglich ein Thema zu unterbreiten, und schon hatte sie die dazu passende, absolut treffende Illustration umgesetzt.

BADENER FASNACHT - ZYTIG

Nr. 44/1974
Preis: 200 Rappen

«DIE GELBE» Offizielles Organ der Spanischbrödli–Zunft

202 Titelbild Trudelhaus, Fasnachtszeitung 1974.

Edith Oppenheim und die Badener Fasnacht

203 Ende des «Aargauer Volksblatts», Fasnachtszeitung 1992.

204 Fasnachtszeitung «Badener Galle», 1929, gezeichnet von
Edith Jonas im Alter von 21 Jahren.

205 Wimmelbild zum Fernwärmeprojekt Transwal,
Fasnachtszeitung 1987.

Kreation von Fasnachtsplaketten

Die Organisation und Durchführung einer Fasnacht kostet Geld, das mit den (nach wie vor bescheidenen) Mitgliederbeiträgen der 1930 gegründeten Spanischbrödlizunft allein nicht aufzubringen ist. In der (zweifellos berechtigten) Meinung, das vom munteren Fasnachtstreiben profitierende Publikum könnte und sollte auch seinen Obolus entrichten, wird deshalb seit 1931 – mit Ausnahme der Krisen- und Kriegsjahre (1932–1938 und 1940–1945) jedes Jahr eine Fasnachtsplakette produziert und unters Volk gebracht. Mit dem Sujetentwurf beauftragt die Spanischbrödlizunft jeweils einen namhaften Künstler beziehungsweise eine Künstlerin. Nach Walter Squarise (1931 und 1939), dem BBC-Grafiker Carl Pavelka (1946–1957), Hans «Masken» Schmid (1958–1962), Marco Squarise (1964–1970) sowie zwei «Einzelgastspielen» von Heinz Rauch (1963) und Attila Herendi (1971) übernahm Edith Oppenheim für die Jahre 1977 bis 1990 auch noch diese Aufgabe. Und sie fand rasch ihren eigenen, unverkennbaren Stil: Ein Narr mit karierter Bluse, spitzem Clownhut, Larve, Perücke und Halsbinde wurde zu ihrem «Markenzeichen».

Einmal (1974) hockte der Narr vor einer Staffelei (Malwettbewerb «Badener Wald»), dann stand er (1975) mit leeren Hosensäcken da, oder er hing (1976) mit einer Zeitung in den Armen an einem Kleiderbügel (50 Jahre «Die Gelbe»). Im Badenfahrtjahr 1977 ritt der Narr auf der Spanischbrötlibahn, 1978 zersägte er die Badenfahrt-Nixe vom Vorjahr, und 1979 zog er den Füdlibürger samt TV-Antenne auf einem Wägelchen hinter sich her. Im kalten Winter 1980 sass der Narr auf einem Kanonenofen, und 1981 stand er bis zu den Knien im Wasser und schaute hämisch grinsend auf den abgesoffenen «Danuser» hinunter. Ein Jahr später (1982) drehte der Narr ein Seilbähnchen vom «Tränebrünneli» zur Badstrasse hinauf (der erst 2007 realisierte Promenadenlift mitsamt dem «Rostbalken» lässt grüssen!), und 1983 sass er zur Erinnerung an die vorjährige Badenfahrt auf dem leider nur kurzlebigen «Franzosenhaus». Nach einer Fahrt in einem Einkaufswagen (1984) schoss der Narr 1985 den Badener Stadtammann «Ricki-Vicki» aus einer Kanone nach Aarau in den Regierungsrat, und 1986 zerhämmerte er den Kursaal. Bevor Edith Oppenheim ihre Plakettenserie 1989 mit ihrem Narren vor der zusammenbrechenden Gewerbebank und 1990 mit dem Narren samt vollgestopftem Badener Güselsack abschloss, gelangen ihr noch zwei wahre fasnächtliche Meisterstücke:

Aus anonymer Quelle hatte die Spanischbrödlizunft erfahren, dass die Schweizerische Post beabsichtigte, im ersten Halbjahr 1987 – zum ersten Mal überhaupt – eine Badener Briefmarke herauszugeben, und zwar zum Thema «2000 Jahre Thermalquelle Baden». Edith Oppenheims Umsetzung dieser Information war genial: Ihre Fasnachtsplakette sah wie eine richtige Briefmarke aus und zeigte den Narren auf einer sprudelnden

206 **Badener Fasnachtsplaketten von Edith Oppenheim-Jonas
(Auswahl).**

Wasserfontäne. Mit Datum vom 22. Januar 1987 erhielt die Sektion Wertzeichen der Generaldirektion PTT in Bern vom Brödlimeister der Spanischbrödlizunft Baden den folgenden Brief:

«Das zufällige Zusammentreffen zweier wichtiger Ereignisse der nahen Zukunft, nämlich die Fasnacht 1987 und das Erscheinen der ersten Badener Briefmarke, hat uns veranlasst, den erstgenannten Anlass unter das Motto des zweitgenannten zu stellen. Die Suche nach dem einzig möglichen Sujet war allerdings mit gewissen Schwierigkeiten verbunden, weil Sie die verständliche, aber nicht eben hilfreiche Gewohnheit haben, die Details von neuen Briefmarken bis kurz vor deren Erscheinen geheim zu halten. Schliesslich ist es uns aber in mühsamer Kleinarbeit gelungen, zumindest ihre ‹Marschrichtung› in Erfahrung zu bringen und diese mit unseren eigenen Vorstellungen zu kombinieren. Das Resultat ist die diesjährige Badener Fasnachtsplakette, von der Sie ein Musterexemplar in der Beilage vorfinden. Vom erfreulichen Ergebnis dieser vielfältigen Bemühungen bis zur nächsten Idee war es dann nur noch ein kleiner Schritt: Die Produktion einer Sondermarke zum Thema ‹2000 Jahre Badener Fasnacht› drängte sich geradezu auf. Und natürlich durften auch ein passender Sonderstempel sowie entsprechende Ersttagscouverts nicht fehlen. Wir beehren uns, Ihnen in der Beilage auch ein vollständiges Set dieser Badener Fasnachtsmarken zuzustellen in der Annahme, dass Sie dafür – nach gebührender Bewunderung – vielleicht sogar eine kleine Ecke in Ihrem Briefmarken-Museum, Abteilung Kuriositäten, frei haben.»

In der postwendenden Antwort – sie kam von der Hauptabteilung Rechtsdienste der PTT-Generaldirektion – hiess es unter anderem: «Wir gestatten uns, darauf hinzuweisen, dass das Wort HELVETIA zu den Hoheitszeichen des Bundes gehört. Es ist charakteristischer Bestandteil jeder schweizerischen Briefmarke und darf deshalb nicht auf Privatmarken verwendet werden. Wir bitten Sie, von seiner Verwendung auf Fastnachtsmarken künftig abzusehen. […] Private Stempelabdrucke sollen nicht so gestaltet sein, dass sie mit Poststempelabdrucken verwechselt werden können, was im vorliegenden Fall wegen des Datumbalkens und der zweisprachigen Inschrift ‹Ausgabetag› zutrifft. Obwohl wir, wie Sie sehen, an Ihrer Fastnachtsmarke und dem dazugehörenden Stempel einiges auszusetzen haben, wünschen wir Ihnen eine fröhliche Fastnachtszeit und bitten Sie, unsere Vorbehalte künftig zu berücksichtigen.»

Der Präsident des Verbands Schweizerischer Philatelistenvereine – damals zufälligerweise der Wettinger Arnold Schulthess –, der ebenfalls ein komplettes Badener Fasnachtsset erhalten hatte, schrieb lakonischer: «Ich freue mich, dass Ihr diesjähriges Sujet der Philatelie gewidmet ist und wünsche Ihrem fasnächtlichen Treiben einen vollen Erfolg.»

Sondermarke 1987
2000 Jahre Badener Fasnacht

207 **Der Badener Ersttagsbrief von 1987 mit der Fasnachtsmarke.**

Den absoluten «Schwarztreffer» erzielte Edith Oppenheim aber bei der Fusion von Asea und Brown, Boveri & Cie (1988). Spätere Ereignisse irgendwie vorausahnend, zeichnete sie eine grosse, alles dominierende Asea-Matrone mit einem kleinen BBC-Narren auf dem Arm, über dem ein Kinderluftballon mit der Inschrift «Just married» schwebte. Darunter stand ein Wegweiser nach Zürich, der auf die für Baden schmerzhafte Verlegung des neuen Konzernsitzes aufmerksam machte. Diese Plakette fand vor allem in der in den Schwedenfarben gehaltenen blau-gelben Plastikversion reissenden Absatz.

Zusammenfassend muss an dieser Stelle gesagt werden, dass die Plakettensujets von Edith Oppenheim nicht nur stets den «Nagel auf den Kopf» trafen. Sie liessen sich vielmehr auch leicht vom Papier weg umsetzen und präsentierten sich in jeder Variante – ob uni oder mehrfarbig, ob Plastik oder Metall – hervorragend.

Ehrung mit dem «Dutti-Orden»

Am 1. März 1985 wurde Edith Oppenheim «in Anerkennung ihres vielseitigen und nimmermüden Einsatzes für die Badener Fasnacht, insbesondere ihrer geistreichen Gestaltung der thematischen Hauptseiten der Fasnachtszeitung ‹Die Gelbe›, ihrer humorvollen Fasnachts- und Schnitzelbankhelgen sowie ihrer ideenreichen Fasnachtsdekorationen im Kursaal» (Auszug aus der offiziellen Begründung) vom Stadtrat Baden als zwölfte Person sowie als erste Frau überhaupt mit dem «Dutti-Orden» ausgezeichnet. Eine ihrer Freundinnen, Marie-Claire von Rechenberg-Miéville, die Frau des ehemaligen Chefarztes am Städtischen Krankenhaus in Baden, schrieb ihr in einer spontanen Gratulationsadresse unter anderem: «Mieux vaut tard que jamais» («Besser spät als nie»), und ihre langjährige Bekannte Maria Wernle doppelte mit dem Satz nach: «Endlich haben auch die Badener gemerkt, was sie Dir für all Deinen

208 «2000 Jahre Badener Fasnacht», Fasnachtsplakette 1987.

210 «Fusion BBC-ASEA», Fasnachtsplakette 1988.

209 Die offizielle Post-Briefmarke «2000 Jahre Thermalquelle Baden».

Einsatz in künstlerischer Sicht wie auch für Dein persönliches Engagement schulden.» Beide hatten natürlich vollkommen recht, denn die Spanischbrödlizunft, vom Testator als «beratendes Organ» des Stadtrats eingesetzt, hatte Edith Oppenheim schon zehn Jahre vorher – leider erfolglos – als neue Ordensträgerin vorgeschlagen. Doch um was ging (und geht) es eigentlich?

Der «Dutti-Orden» mit dem Wahlspruch «OMNIA AD MAIOREM AQUARUM GLORIAM» («Alles zum höheren Ruhm der Stadt Baden») geht zurück auf Herbert E. Duttwyler, den ersten vollamtlichen Direktor des Schweizerischen Seeschiffahrtsamts in Basel, der als Chef der Schweizer Hochseeflotte zwar sehr häufig und weltweit unterwegs war, aber zumindest an den Wochenenden, wenn immer möglich, in sein Elternhaus an der Martinsbergstrasse in Baden zurückkehrte. «Dutti», wie er allgemein genannt wurde, war ein sehr geselliger und äusserst humorvoller Mensch, der öffentlich

zwar nie an vorderster Front in Erscheinung trat, dafür im Freundeskreis umso mehr Ideen für allerlei Scherze und «Querschläger» beisteuerte, die in Baden – früher noch weit häufiger als heute – üblich sind.

Als «Dutti» am 12. Dezember 1969 im Alter von nur 51 Jahren starb, vermachte er sein Haus der Stadt Baden mit der handschriftlichen letztwilligen Verfügung, sie solle aus dem Verkaufserlös «... einmal jährlich im Winter ein solennes Mahl ausrichten, an dem der Stadtrat, die Chefbeamten der Stadt und wenn möglich ein Mitglied meiner Familie teilnehmen. Weiter sollen eingeladen werden jene Personen, die im Verlaufe des Jahres nach Meinung des Stadtrates – allenfalls nach Konsultation der Spanischbrödlizunft und anderer kompetenter Kreise – am besten für die Erheiterung (im wahrsten Sinne) der Bürgerschaft gesorgt haben. Diesen letzteren Personen ist ein entsprechendes Diplom auszuhändigen sowie ein

211/212 **Dr. Viktor Rickenbach, Stadtammann von Baden, überreicht Edith Oppenheim die Urkunde zum «Dutti-Orden».**

äusseres Zeichen (Medaille oder dergl.), das an der Fasnacht oder anderen seriösen Anlässen zu tragen wäre. Zweck ist, auf diese Weise das Zusammengehörigkeitsgefühl der Einwohnerschaft zu fördern.» Anmerkung: Näheres zur «Duttwyler-Solennität» ist in den «Badener Neujahrsblättern» von 1996 nachzulesen.

Anfang März 1985 wurde also, wie bereits erwähnt, auch Edith Oppenheim dieser Auszeichnung für würdig befunden. Oder, wie Stadtammann Victor Rickenbach unmittelbar vor der Ordensverleihung im Theater im Kornhaus wörtlich zu ihr sagte: «Einstimmig hat der Stadtrat befunden, es sei der Moment gekommen, in welchem Sie in den Kreis der ‹Unsterblichen› unseres mit viel Frohmut gewürzten Badener Lebens aufgenommen werden sollen.» Die neue «Unsterbliche» bedankte sich bei ihm auf ihre Weise: Sie zeichnete ein Bild, auf dem Papa Moll dem frisch gewählten

Regierungsrat Victor Rickenbach gratulierte. Das weitere Programm, in dem auch die obligate «Daguerreotypie» zur Erinnerung an den leidenschaftlichen Fotografen Herbert E. Duttwyler nicht fehlte, sowie die Unterhaltung beim anschliessenden «solennen Mahl», das erstmals im 4. Stock des Kornhauses stattfand, wurde ausschliesslich von früheren Ordensträgern bestritten: Gotthilf Hunziker (1984) hatte das Trauerspiel einer bürgerlichen Heimkehr in wohlgesetzte Verse gekleidet, die von Papa und Mama Moll pantomimisch umgesetzt wurden. Franz Doppler (1975) entwarf ein heiteres Soziogramm der Familie Moll, Otto Gläser (1974) überreichte der neuen Ordensschwester einen rhetorisch gefassten Edelstein aus Holz, und der Schreibende (1980) schlüpfte noch einmal in seine frühere Rolle als «Haldeschnüüfel» und steuerte eine Schnitzelbank bei.

213 Verleihung des «Dutti-Ordens» vom 1. März 1985. Jede
Preisverleihung wird traditionell im Stil der «Daguerreo-
typie» festgehalten – in Erinnerung an die ersten
Gruppenbilder von Louis Daguerre, einem der grossen
Fotopioniere des 19. Jahrhunderts.

214 Anlässlich der Ordensverleihung gibt Edith Oppenheim eine
kleine Kostprobe ihres zeichnerischen Könnens.

Ausklang

Wer die lange Liste der fasnächtlichen Aktivitäten von Edith Oppenheim liest, fragt sich un-
willkürlich, woher nahm diese Frau die Zeit dafür.
Diese Frage stellt sich umso mehr, als dies nur «Ne-
bentätigkeiten» waren, denn da gab es ja noch die
Malerei, da gab es den «Papa Moll», da gab es ... und
so weiter.

Eine mögliche Antwort hat Albert Hauser ganz
am Schluss seines Nachrufs auf Edith Oppenheim in
den «Badener Neujahrsblättern» von 1992 gegeben:
«Die Göttergabe des Humors macht es möglich, sich
aus Fesseln, Belastungen und Bedrückungen zu befreien.» Und an solchen hat es im Leben von Edith
Oppenheim ja wahrlich nicht gefehlt.

Künstlerberuf versus Künstlerexistenz – geschwisterliche Gegenpole

Carol Nater

Sie waltet mütterlich und weise
Daheim in ihrer Lieben Kreise,
Sie sorgt für Kleidung, Speis' und Trank,
Und dafür weiss ihr jeder Dank.
        Ja, für alle tut sie sorgen
Spät am Abend, früh am Morgen.
Kochen, backen, nähen, flicken,
Putzen, waschen, Strümpfe stricken,
Und daneben Kunst und Sport!
Ja, so geht es fort und fort.

Diese Zeilen schreibt Vater Julius Jonas seiner knapp 50-jährigen Tochter Edith zum Geburtstag. Ganz anders klingen da seine Geburtstagswünsche desselben Jahres an den 40-jährigen Sohn Walter:

Nur im tiefsten Seelengrunde
Liegt die Quelle edler Kunst.
Vom Erhabnen gibt sie Kunde
Still in weihevoller Stunde,
Buhlend nicht um eitle Gunst.
        Du bleibst nicht beim Erreichten stehn
Und strebst nach höherer Entfaltung
Hinauf zu unerreichten Höh'n
Zu ungewöhnlicher Gestaltung!

Nichts könnte die unterschiedlichen Lebensweisen des Geschwisterpaares Edith und Walter Jonas deutlicher machen als diese väterlichen Geburtstagsverse. Während Edith ihre Pflichten als Ehefrau und Mutter wahrnimmt und ganz nach dem bürgerlichen Familienmodell lebt, führt ihr

215 **Mütterliche Fürsorge, 1950.**

216 **Walter Jonas, Paris 1934. Damals lebte Walter in Kreisen internationaler, vorwiegend expressionistisch malender Künstler wie Robert Delaunay, Albert Marquet, Antoine de Saint-Exupéry.**

Bruder ein freies Künstlerleben und strebt nach «Höherem». 1910 geboren, besucht er nach der Maturität in Zürich von 1929 bis 1933 die Reimann'sche Kunstschule in Berlin, ist dort Schüler des Brücke-Mitglieds Moritz Melzer, der zum Freund wird, und zieht anschliessend nach Paris, wo er sich erneut in einem internationalen Künstlermilieu bewegt. Vor Ausbruch des Zweiten Weltkriegs kehrt er nach Zürich zurück; sein Atelier wird zum Treffpunkt der Avantgarde, und in der Zeit des Umbruchs, der Angst und der Vorahnung des kommenden Grauens treffen sich dort Literaten, Künstler und Wissenschafter (unter anderen Friedrich Dürrenmatt, Lejser Ajchenrand, Max Frisch und Fritz Hochwälder) zum Diskutieren, Fragen und

Zweifeln. Immer wieder unternimmt er Studienreisen in ferne Länder, die ihn auf unterschiedliche Art prägen. Insbesondere die Reise nach Indien hinterlässt nachhaltige Spuren: Die Auseinandersetzung mit der östlichen Geisteswelt offenbart sich schliesslich in einem Expressionismus eigener Prägung. Neben dem Malen schreibt Walter philosophische Essays und Kunstkritiken, und ungefähr zur gleichen Zeit wie seine Schwester Edith ihren Papa Moll erfindet, entwirft er die Vision einer neuen, menschenwürdigen und ökologischen Städteform, der Trichterstadt «Intrapolis».

So unterschiedlich die Lebensentwürfe des Geschwisterpaares Edith und Walter auf den ersten Blick erscheinen, so lassen sich doch einige Gemeinsamkeiten erkennen: Beide nennen sich Künstler, sind vielseitig begabt, fantasievoll und innovativ und setzen sich darüber hinaus auch auf intellektueller Ebene mit dem Kunstbegriff und dem Künstlerberuf auseinander. Letzteres würde man bei der lebenslustigen, humorvollen Papa-Moll-Erfinderin nicht auf Anhieb vermuten – beim genaueren Hinschauen entdeckt man jedoch Erstaunliches: In ihrem Nachlass finden sich mehrere säuberlich getippte, tagebuchartig anmutende, lose Blätter mit der Überschrift «Gedanken zur Kunst» sowie viele mit persönlichen Kommentaren versehene Kunstkritiken und -artikel. Die Reflexionen zu Kunst und Künstler lesen sich wie eine Antwort auf die Kunsttheorie ihres Bruders, und man ahnt, dass sich die polaren Posi-

217 **Walter Jonas vor seinem Projekt der «Intrapolis», der von ihm entworfenen, menschenfreundlichen Trichterstadt, 1965.**

tionen der Geschwister wohl auch in aktiven Auseinandersetzungen gefestigt haben.

Edith Oppenheim-Jonas geht davon aus, dies wird in den «Gedanken zur Kunst» deutlich, dass in jedem Menschen «ein gesundes menschliches Kunst-Empfinden» verankert ist. Um beim Betrachter dieses natürliche Empfinden auszulösen, müsse sich die Kunst den «ungeschriebenen, gefühlsmässig begründeten Gesetzen» unterordnen. Dieses Unterwerfen ist in ihren Augen aber kein Zwang: «Freiheit ist in Wirklichkeit freiwilliges Unterordnen in eine Ordnung, in ein Gesetz des Zusammenlebens mit dem anderen Menschen.» Denn ohne Gesetze herrsche Chaos. In ihren Augen bedeuteten Künstler, welche «Kunst ohne Massstäbe und ohne Gesetzmässigkeit» schaffen und diese dann «der westlichen Welt aufzwingen», das Ende. Entsprechend aggressiv

richtet sich ihre Kritik gegen «linke Scharlatane» (wie zum Beispiel Joseph Beuys), welche ihrer Meinung nach «äusserst raffiniert zu Werke gehen», indem sie die Menschen bewusst verunsichern und so systematisch das «gesunde, menschliche Kunst-Empfinden» zerstören würden. Kunst hat in ihren Augen eine Aufgabe zu erfüllen. Sie zitiert Kandinsky: «Die Malerei ist nicht ein zweckloses Schaffen der Dinge, die im Leeren zerfliessen, sondern eine Macht, die zur Entwicklung und Verfeinerung der menschlichen Seele dient.»

Ganz anders klingt es bei Walter Jonas. Ihm persönlich sind alle gesellschaftlichen Regeln und Normen zuwider, und zeit seines Lebens ist er nicht bereit, sich in die Gesellschaft einzufügen. So ist er auch der Meinung, Kunst müsse sich ihre eigenen Gesetze schaffen. In seinem Essay zum 80. Geburtstag von Pablo Picasso (1961) führt

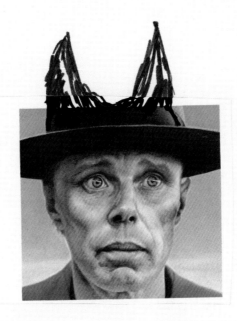

TEUFEL 1985

Beuys' Hut 23/4/86 Brückenbauer

«Brückenbauer» Nummer 14, Leser-
brief «Kunst-Dummheiten»

Joseph Beuys wurde über der Halb-
insel Krim abgeschossen, dort gab es
sicher keine sibirischen Nomaden, die
zudem über die Fähigkeiten und die
Einrichtungen verfügt hätten, um
Beuys eine silberne Schädeldecke zu
verpassen. Es mag sein, dass Beuys später in russische Gefangenschaft geriet,
auf dem Transport in Sibirien flüchten
könnte und ihm dann die besagten Nomaden Unterkunft gewährten. – Ganz
abgesehen davon wurden in der Zwischenzeit schönheitschirurgische Ope-
rationen entwickelt, die es erlaubt hätten, Beuys wieder eine «normale»
Kopfhaut zu verpassen, so dass er ohne
weiteres ohne den ewigen Hut hätte
auskommen können.

Doch Beuys verstand es wie kein anderer, sich selbst in Szene zu setzen,
darin sogar Salvador Dali übertreffend.
Zu «Nach Auschwitz konnte man kein
Ästhet mehr sein»: Aber man konnte
die Kunstsnobiety dazu bringen, für
einen Leiterwagen einen Irrsinnspreis
zu bezahlen. Im Unterschied zu vielen
Künstlern jeglicher Couleur, die ihrer
Zeit weit voraus waren und in bitterer
Not leben mussten, ging es Beuys materiell glänzend.)
Klaus Kornfeld, 4058 Basel

218 Collage über Joseph Beuys (1921–1986), dessen erweiterten
Kunstbegriff Ejo in Frage stellte.

219 **Jonas war ein Künstler, der mit nach innen gewendeten Augen malte, Walter Jonas, Blinde Malerin, Öl 1933, in Paris entstanden.**

er diesen Gedanken exemplarisch am Vaterporträt aus: Um den eigenen Vater malen zu können, so schreibt er, müsse man fähig sein, die grosse Macht seiner Autorität (und die damit verbundene Vaterwelt) zu objektivieren und sie sich im Bilde zu unterwerfen: «Das Geschöpf stellt sich selbstherrlich über den Schöpfer, wenn es ihn gestaltet. Aber um Schöpfer zu sein, muss man die Vermessenheit besitzen, sich selber eigene Gesetze zu schaffen.» Er fährt fort, dass in seinen Augen zum Künstlerberuf mehr gehöre «als nur technische Fähigkeiten», und präzisiert: «Ebenso wichtig wie diese, wenn nicht noch wichtiger, sind geistige Freiheit, Vorurteilslosigkeit, Selbständigkeit und Unabhängigkeit von allen durch Schule und elterliche Erziehung übernommenen Normen.» Es fällt schwer, hierin nicht implizit eine Entwertung des Künstlerberufs seiner Schwes-

ter zu sehen. Sie, die ihre Rolle als Mutter und Ehefrau nicht in Frage stellte, ihre Pflichten als Staatsbürgerin wahrnahm und deren Leben sich innerhalb der gesellschaftlichen Normen abspielte, erfüllte seine Idealvorstellung eines «Künstlers» nicht. Er, der immer versucht hatte, «das Gefängnis der eigenen Persönlichkeit zu durchbrechen», und innerlich reifen wollte, um «wirkliche, dauerhafte Werte zu schaffen», strebte hingegen nach seinem Ideal und lebte eine freie und losgelöste Künstlerexistenz. Ein Ideal allerdings, das seinen Preis hatte: Er erfuhr von der Brüchigkeit des menschlichen Seins, erduldete das unfassbare Leiden und lieferte sich dem Weltschmerz vorbehaltlos aus.

Wie ganz anders stellte sich da Edith Oppenheim-Jonas dem Leben! Depressive Verstimmungen kenne sie nicht, sagt sie in einem Interview von 1991. Wenn bei anderen Malern nach einer sehr produktiven Schaffensphase Ermüdungserscheinungen einträten, sie trotz Willensanstrengungen nichts mehr zustande brächten und depressiv würden, geschehe mit ihr etwas «Lustiges»: «Bei mir setzt in dem Moment die Moll-Welle ein und auf einmal bin ich ganz Moll.» So würden sich bei ihr die produktiven Höhepunkte in der Malerei mit denjenigen beim Zeichnen der Moll-Geschichten ablösen, ohne dass sie je einer Sinnkrise verfalle, «ich habe also ein grosses Glück, dass ich abwechseln kann», meint sie überzeugt.

220 **Das Abbilden des Schönen war für Ejo ein Heilmittel gegen das Grausame der Welt, Edith Jonas, Venezianische Vedute, Aquarell, 1972.**

Entsprechend unterschiedlich sind die Absichten, die Edith und Walter beim Malen verfolgten. Während er in Anlehnung an den späten Cézanne versuchte, das Geistige in der Natur zu befreien, damit es zur Erscheinung gelangen könne, also im Gegenständlichen das Unfassbare, nur Spürbare darstellte, sah Edith im reinen Abbilden der Natur, des Gegenständlichen und Schönen eine Möglichkeit, den Menschen in einer inhumanen, grausamen Welt «zu einem sinnvollen und lebensbejahenden Ausgleich» zu verhelfen. Walters Bilder entsprangen einem inneren, leidenschaftlichen Erleben, Edith beschwörte in ihren Werken bildlich «die berauschende Vielfalt und Einmaligkeit unserer Existenz» – stets mit der Absicht, «dem Menschen durch die Kunst zu helfen».

221/222 **Walter Jonas …**

An sich verfolgte Edith Oppenheim-Jonas mit der freien Kunst also denselben Zweck wie mit Papa Moll: Sie erschuf ein Heilmittel gegen das Grausame der Welt, gegen den Weltschmerz. Wo Walter die Augen schloss und still vor sich hin litt, da kämpfte Edith für eine bessere Welt. Wo er «nach höherer Entfaltung, hinauf zu unerreichten Höh'n» strebte, da strebte sie nach Harmonie in der Familie, in ihrem engeren Umkreis, im Hier und Jetzt.

Während sich Edith an den äusseren Bedingungen des Lebens orientierte und sich innerhalb der ihr vorgegebenen Normen künstlerisch verwirklichte, orientierte sich Walter an den inneren Prozessen seiner eigenen Existenz. «So vieles hängt doch von der inneren Entwicklung ab. Nur dann ist es möglich, nach aussen seine Arbeit zu vertreten, wenn man innerlich ganz sicher geworden, ganz gereift ist», schreibt er seinem Vater 1936 aus Jugoslawien.

Wie hätte Ediths Kunsteinstellung ausgesehen, wenn sie an die Reimann-Schule in Berlin gegangen wäre und nicht die Handelsschule hätte besuchen müssen? Wenn es nicht im Familienrat geheissen hätte, «zwei Maler in der Familie vermögen wir nicht», und «die Mädchen heiraten ja sowieso»? Mit 90 Jahren sagt sie rückblickend: «Wenn ich auch an die Reimann-Schule gegangen wäre, hätte ich vielleicht meine Malerei mehr ausbilden können. Aber bereut habe ich nie, dass ich die Handelsschule besuchte. Ich habe von den Fä-

chern viel gelernt, in denen ich dort unterrichtet wurde: Sprachen, Literatur, Allgemeinbildung – davon habe ich auch als Malerin profitiert.»

Aber hätte sie mit derselben unerschöpflichen Energie für eine humanere Welt gekämpft, oder wäre auch sie an einer reinen Künstlerexistenz zerbrochen? Eine utopische Frage, denn Edith Oppenheim-Jonas lebte in einer Zeit, in der Frauen nicht selbst über ihre berufliche Zukunft bestimmen konnten und der weibliche Lebensweg stärker als der männliche von der bürgerlichen Gesellschaft vorgezeichnet war. Sie hat diese Tatsache akzeptiert, sich eingepasst – und trotzdem gemalt. Statt sich als Opfer zu sehen, hat sie eine (Über-)Lebensstrategie entwickelt, die zu vermitteln sie als ihre Mission sah: «Mein wichtigstes Anliegen ist es, mit Papa Moll den Humor in die Familien zu bringen, zu zeigen, wie befreiend es ist, über seine eigenen Unzulänglichkeiten lächeln zu können und sich selber nicht so schrecklich ernst zu nehmen.»

...und Edith Oppenheim-Jonas beim Malen.

Wenn Walter Jonas dem Vater von seinen inneren Erschütterungen berichtet und tapfer schreibt: «Ich sehe einen Weg und deshalb auch die Möglichkeit, sicherer und ‹kämpferischer› für meine Existenz im Leben einzutreten», da wünscht man ihm die Stärke seiner Schwester. Zugleich fragt man sich aber: Hat nicht erst der Kampf für den Künstlerberuf innerhalb einer von gesellschaftlichen Normen und Pflichten geprägten Lebensexistenz Edith Oppenheim-Jonas diese Unerschütterlichkeit und Lebenskraft verliehen?

Literatur

Affolter, Cuno: Interview mit Edith Oppenheim-Jonas, geführt in Baden am 10. April 1991, unveröffentlichtes Typoskript.

Bibliografie zu Walter Jonas: Schmidt, Heinrich F. (Hg.): Walter Jonas: Maler, Denker, Urbanist. Zürich 1980.

Bemerkungen zur freien Kunst von Edith Oppenheim

Uli Däster

Auf den ersten Blick scheint alles klar: Neben der Gebrauchskunst hat Edith Oppenheim mit Zeichnungen, Aquarellen und Ölbildern auch sogenannt freie Kunst geschaffen. Karikaturen und Fasnachtsdekorationen waren für den Tag bestimmt, und selbst der in gewissem Sinn unsterbliche Papa Moll ist dem Verschleiss durch Kinderhände ausgesetzt. Davon abgehoben wären die Werke, die Anspruch auf Dauer erheben dürfen. Hier also Auftrag oder auch Zusatzverdienst in schwieriger Zeit, dort das idealerweise Selbstbestimmte, Zweckfreie. Bei genauerem Hinsehen scheint es aber fraglich, ob es so einfach und auch sinnvoll ist, auseinanderzudividieren, was wohl eben doch eine Ganzheit bildet und seine Einheit in der Persönlichkeit der Künstlerin findet. Hat sie die Ausschneidebögen (von denen wir schon immer gern gewusst hätten, von wem sie stammen) mit weniger Sorgfalt und Liebe gezeichnet und gemalt als die Kinderporträts (die ja auch oft im Auftrag entstanden)? Hat sie weniger Erfindungsgabe aufgewendet für ihre Bildergeschichten als für ihre Malerei? Hat sie, die noch geringste vergilbte Zettel archivierte, unterschieden zwischen

Verbrauchsware und dem, was dem Vergehen enthoben sein sollte? Müsste man nicht von einer Art Gesamtkunstwerk sprechen, das in manchem gewiss von regional begrenzter Bedeutung ist, wie sich die Künstlerin selbst auch bewusst begrenzt und beinahe polemisch abgegrenzt hat, das aber durch seine erstaunliche Vielfalt, seine Vitalität und seine gesellschaftliche Resonanz ausserge-

223 **Selbstporträt der 25-jährigen Malerin, Öl auf Karton, um 1932.**

224 **Frühe Zeichnung von Ejo aus den 1920er-Jahren.**

wöhnlich ist? Andererseits ist es eben doch ange-
zeigt, die Fülle in Facetten aufzuteilen, um ihr ei-
nigermassen gerecht zu werden. Schauen wir uns
also genauer an, was in Privathäusern an den
Wänden hängt, was als Schmuck öffentlicher Ge-
bäude dient und was an Bildern wie an biogra-
fischen Dokumenten zur Malerei im Nachlass darauf wartet, beachtet zu werden.

Bemerkenswert ist, wie wichtig für Edith Oppenheim das Malen war. Schon das Kind soll sich
vor allem Zeichenmaterial als Geschenk ge-
wünscht haben. Die junge Frau fand neben ihrer
Berufstätigkeit als Sekretärin, neben Familie,
Sport und gesellschaftlichem Engagement Zeit
für Malkurse, Kunstgeschichtsvorlesungen und
immer auch für eigene kreative Arbeiten – ob für
den Tag oder darüber hinaus. Es war selbstverständlich, dass sie von Ferienreisen als persönliche Erinnerung Zeichnungen und Aquarelle zu-
rückbrachte. In späteren Jahren fuhr sie mit ihrem
Mann in die Landschaft hinaus; er las die Zeitung,
während sie malte. Auf den Verlust der Eltern oder

des Lebensgefährten antwortete sie mit inten-
sivierter Arbeit im Atelierrefugium. Aber sie strebte auch über das Private hinaus mit ihrem Tun.
Sie schloss sich mit anderen Künstlerinnen und

225 **Die Menschendarstellung ist ein zentrales Thema im
Schaffen der Künstlerin, Mädchenporträt, um 1940.**

galerie rauch

weite gasse 25   1. stock

gruppe 59

(einheimische maler und bildhauer)

stellen aus

vom 5. dezember bis 3. januar

geöffnet:

werktags von 14–18 uhr, abends je dienstag und

freitag 20–22 uhr, sonntags 10–12 und 15–17 uhr

eingang:

werktags weite gasse 25 durch das geschäft

abends und sonntags mittlere gasse 22

freundliche einladung zur

vernissage

samstag, 5. dezember, 17 uhr

226 **Auszug aus der Werkliste.**   227 **Gruppe 59 Galerie Rauch, Einladungskarte.**

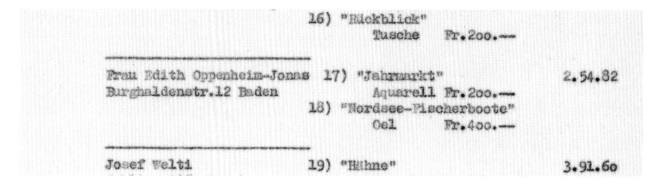

16) "Rückblick"
        Tusche   Fr.2oo.—

Frau Edith Oppenheim-Jonas 17) "Jahrmarkt"   2.54.82
Burghaldenstr.12 Baden   Aquarell Fr.2oo.—
                              18) "Nordsee-Fischerboote"
                                      Oel   Fr.4oo.—

Josef Welti   19) "Hähne"   3.91.60

Künstlern der Region Baden-Wettingen zur «Gruppe 59» zusammen – nicht im Sinn einer gleichgerichteten Schule, sondern, wie es in einem der damaligen Papiere heisst, als «Zweckverbändchen». Es ging darum, im Aargau ein Gegengewicht zu der damals dominierenden Aarauer Künstlerschaft zu bilden, und darum, sich Gelegenheit zum Ausstellen zu verschaffen. Eigenhändig richteten die Mitglieder die Räume der Galerie Rauch in der Weiten Gasse in Baden her und eröffneten

sie im Dezember 1959 mit einer Gruppenausstellung. Immerhin wurde Edith Oppenheim Mitglied der aargauischen Sektion der GSMBA (Gesellschaft Schweizer Maler, Bildhauer und Architekten) und beteiligte sich an den Jahresausstellungen der Aargauer Künstler im Kunsthaus in Aarau. Die lange Liste von Einzel- und Gruppenausstellungen endet im Jahr 2000: Damals stellte Edith Oppenheim in Mellingen ihre Arbeiten noch einmal zusammen mit jenen ihres Bruders Walter Jonas und ihres

Bemerkungen zur freien Kunst von Edith Oppenheim

186

228 **Maler und Lehrer von Ejo, Willy Fries, Öl auf Karton, um 1932.**

Sohnes Roy Oppenheim aus. Auch im hohen Alter malt und zeichnet sie täglich. In Valbella steht jeweils ein Blumenstrauss in der Malecke bereit – für Schlechtwettertage. Und noch in der «Sonnmatt» in Luzern, wo Edith Oppenheim sterben wird, verwendet die über 90-Jährige eines der beiden Zimmer als Atelier.

Der Bruder Walter Jonas hatte vom Vater die Erlaubnis erhalten, sich zum Maler ausbilden zu lassen; in Berlin und Paris kam er zu Beginn der 1930er-Jahre in Kontakt mit Künstlern und den neuen Kunstströmungen. Die ebenfalls offensichtlich begabte ältere Schwester hingegen hatte sich via Handelsschule einem «nützlicheren» Beruf zuzuwenden. Sie muss sich schon etwas zurückgesetzt vorgekommen sein (und vielleicht hat ja ihr späteres Engagement für die Rechte der Frau hier eine Wurzel). Als gelte es, einen Tatbeweis zu er-

229 **Walter Jonas, Reimann-Schule Berlin, 1931.**

bringen, besuchte sie in der Freizeit Kurse in der Malschule von Willy Fries in Zürich. Bei dem realistischen Maler von Landschaften und Zirkusszenen, dem «Porträtisten der Zürcher Gesellschaft» holte sich Edith, was an professionellem Handwerk noch zu lernen war. Frühe Kartons mit Ölmalerei belegen die Arbeit nach Modell, nach knorrigen Charaktertypen etwa. Porträtzeichnung und -malerei von Kindern und prominenten Personen (auch ohne karikierende Absicht) ist dann auch ein gern gepflegter Zweig des künstlerischen Schaffens geblieben.

Ob es zwischen den Geschwistern zur Rivalität gekommen ist? Walter Jonas suchte vor der Familie brieflich seine unkonventionell expressive Bildsprache zu rechtfertigen, indem er sich abschätzig über die blosse «Fabrikation gefälliger Bilder» aussprach. Es ist, als hätte Edith bewusst die Gegenposition gesucht. Sie hat bis an ihr Le-

bensende «gefällige» Bilder gemalt, und sie hat diese ihre Art auch vehement verteidigt. In ihren Äusserungen zur Kunst wirft sie den neueren Richtungen, insbesondere der Tendenz zum Ungegenständlichen, vor, zur Verunsicherung der Menschen beizutragen. Freiheit drohe in Unordnung und Chaos umzuschlagen. Das Schreckliche in der Welt leugnet sie nicht, an der Kunst sei es aber, ein Gegenbild anzubieten. Ob das der innerste Antrieb ihres Schaffens gewesen ist und ob sie da nicht streitbar ihre eigene Position zu rechtfertigen suchte, bleibe dahingestellt. Ohne Zweifel hat sie jedenfalls für ihre Malerei eine therapeutische Funktion in Anspruch genommen. In diesem Sinn ist auch ihre freie Kunst im wohlverstandenen Sinn zweckbestimmte «Gebrauchskunst».

Bezeichnend für das nicht grundlegend getrübte Verhältnis zwischen den Geschwistern ist, dass Edith Oppenheim über Jahre hin Kurse bei

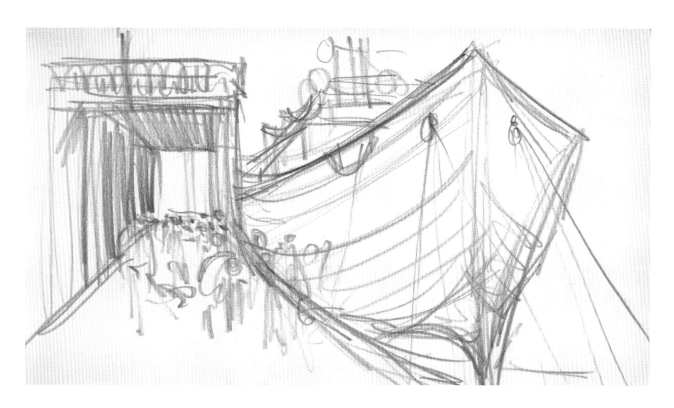

230/231 **Unterwegs in Italien, spontane Aquarell- und Kohle-
zeichnungen von Ejo 1968.**

232 **Auf Reisen in Spanien, Kohleskizzen von Ejo 1963.**

ihrem Bruder besucht und nach eigenem Bekunden gerade in ihrer Spezialität, der Aquarellmalerei, von ihm entscheidend profitiert hat. Und dass sie für ihn die Ausführung des Wandbildes im Schulhaus Untersiggenthal übernommen hat.

Das Werk von Edith Oppenheim ist verstreut in öffentlichem und privatem Besitz. Und es ist noch präsent im Atelier, dem ehemaligen Gartenhaus der Villa Burghalde in Baden, wo vor allem die Ölbilder entstanden sind, wo aber auch Besuche empfangen wurden und wo sich jetzt eine Art Oppenheim-Archiv befindet. Wohlgeordnet in Gestellen stapeln sich die Malkartons und Leinwände mit Ölmalerei und reihen sich die dick gefüllten Mappen mit den Arbeiten auf Papier aneinander, mit Aquarellen, Gouachen und Zeichnun-

gen. Landschaften, Blumen und Porträts – auch solche von Tieren – sind im Wesentlichen die Motive, vereinzelt Zirkusszenen; Figürliches erscheint weitgehend als Staffage. Was spontan und oft direkt vor dem Motiv skizziert ist, wird im Atelier in einem unpeniblen Realismus mit Öl- oder Acrylfarben auf Leinwand umgesetzt. Wiederholt taucht der Kerbel auf: Hier vereinigt sich dezidiert klarer, fast steif-linearer Bau mit der beinahe monochromen Üppigkeit der Dolden – als Kontrast dazu dann die vollen Blumensträusse in ihrer leuchtend festlichen Buntheit. In den Landschaften zeigt sich das Gespür für das Atmosphärische. Es ist offensichtlich die Natur ihrer näheren Umgebung, auf die Edith Oppenheim sich einlässt, eine Natur, in die der Mensch sich, ohne zu dominieren, ein-

233 **Alter Mann, Öl auf Karton, 1931.**

fügt. Die in Hügel gebettete Silhouette der Badener Altstadt ist durch eine Baumkulisse in einen
idyllischen Mittelgrund gerückt. Der Fischer verschwindet fast in der Weite der Aarelandschaft.
Die schneebedeckten Dächer von Valbella ordnen
sich dem imposanten Bergpanorama unter. Es ist
eher eine Ausnahme, wenn eine südliche Berg-
stadt im Ansatz kubistisch gerät, sodass sich auch
die Pinien der Tendenz zum Geometrischen an-
gleichen. Überraschend ist dann vielleicht die Serie von Städtebildern aus den Vereinigten Staaten:
Rektanguläre Architektur baut sich vor uns auf;
die Skyline von Manhattan ist gerade noch durch
die Wasserfläche in die nötige Distanz gerückt.
Auffällig aber auch hier, dass neben der sachlich-
strengen Reihe der Hochhäuser die atmosphärische
Wirkung des Himmels betont wird.

Am glücklichsten, scheint mir, ist Edith Oppenheim in ihren Aquarellen, in dieser Technik,
die den spontanen Zugriff vor dem Motiv verlangt,

234 **Kerbel, Öl auf Leinwand, 1968, Privatbesitz.**

235 Blick auf Baden, Öl auf Leinwand, um 1945.

236 Manhattan, Öl auf Leinwand, 1976.

237 Valbella, Winterstimmung, Öl auf Leinwand, 1994.

238 Toskana, Öl auf Leinwand, 1966.

239 Lupinen, Öl auf Leinwand, 1980er-Jahre.

die fast keine Korrekturen erlaubt und das Können mit kaum alternder Frische lohnt. Da muss nichts zu- und fertiggemalt werden. Der weisse Papiergrund spielt mit, ob er unberührt bleibt oder das Licht durch die immaterielle Farbschicht reflektiert. Das mag mit ein Grund sein, warum die Künstlerin Schneelandschaften liebt. Noch in den späten Jahren ist sie mit ihrem Auto vor die Motive gefahren, je nach Witterung hat sie im Fahrzeug sitzend gemalt. Mit den Ortspolizisten scheint sie in gutem Einvernehmen gewesen zu sein; sie musste da und da durch, Fahrverbot hin oder her. Bestimmt konnte sie bei jedem Blatt genau angeben, wo es entstanden ist, aber das ist gerade bei den besten Arbeiten gar nicht wichtig. Es sind unspektakuläre Orte, eine Flusskrümmung, ein Waldsträsschen, ein Gartenweg, ein entferntes rotes Dach im Grün – das «Bildhafte» findet die Künstlerin mit untrüglicher Sicherheit. Wie der Schnee mit seinen abstrakten Schmelzmustern sind ihr auch Nebel oder Regen nicht unwillkommen. Sie heben die festen Konturen auf: Es geht nicht um die Dinglichkeit der Gegenstände, sondern um das Stimmungshafte der Impression. Wenn eine

mit hauchfeiner Wasserfarbe gemalte Wasseroberfläche noch die Spiegelung des bereits schwerelos aquarellierten Ufers ahnen lässt, dann potenziert sich die Entmaterialisierung. Die Gartenbilder führen nur näher heran. Auch da geben Treppenstufen, ein Zaun die nötige Struktur, und rundum entfalten sich dann die Grünnuancen, die komplementären Farbtupfen der Blüten. Es sind flüchtige Momente, weniger ein Ort als die lyrische Erinnerung an ihn, festgehalten mit der nötigen Behutsamkeit. Das Licht ist wichtig, es darf auch das Gegenlicht sein, die gelben Ränder der Schneeflecken, die Wintersonne, die hinter Bäumen rot untergeht und uns deren leichte Schatten entgegenwirft.

In den 1960er- und 1970er-Jahren hat Edith Oppenheim insgesamt vier Aufträge für grössere Wandgestaltungen in Schulhäusern ausgeführt. Bei solchen Arbeiten ist auf die Wünsche der Bauherren Rücksicht zu nehmen. Unterehrendingen gab das Thema «Mühle» vor, Leibstadt höchst konkret: «Flusslandschaft mit Fischern, Tieren (Fischreihern, Enten, Fröschen etc.)». Womöglich noch einengender sind die Rahmenbedingungen der

240 **Raten, Aquarell, um 1980.**

241 **Nebel-Regen, Aquarell, 1989.**

242 **Oetwil an der Limmat, Aquarell, 1967.**

243 **Schneeschmelze, Freienwil, Aquarell, 1978.**

244 **Gartenbild, Aquarell, 1985.**

245 **Flusslandschaft mit Fischer und Tieren, Wandmalerei,
Schulhaus Leibstadt, 1963.**

Architektur: die räumliche Situation mit Türen und Treppen, die Beleuchtung, die gegebenen Farben ... Edith Oppenheim hat sich den Aufgaben gestellt und den Einschränkungen überraschende Möglichkeiten abgewonnen. Wenn der flötenspielende Junge in Ehrendingen, das Mädchen und der Fischerknabe in Leibstadt – im Unterschied zu den Tieren – noch etwas konventionell daherkommen, wird doch spürbar, wie die figürlichen und gegenständlichen Motive sich in eine abstrakte rhythmische Gesamtkomposition einfügen.

In Eggenwil hat die Künstlerin 1970 eine neue Technik angewendet: das Mosaik aus Splittern von venezianischem Glas. Thema ist die von der Sonne überstrahlte, in den Armen einer allegorischen Figur geborgene Reusslandschaft, und neben weidenden Tieren lässt sich anhand von stilisierten Hochhäusern das Eindringen des Städtischen feststellen. Aber so genau will man es vielleicht gar nicht wissen. Es genügt, dass sich da im Kontrast zur Funktionalität der Architektur ein beinahe amorpher Wunderteppich in Farben, so frisch wie am ersten Tag, ausbreitet, ein Teppich,

welcher der kindlichen Neugier auf unaufdringliche Art Nahrung gibt.

Auf diesem Weg geht Edith Oppenheim 1971 weiter im Glassteinmosaik an der Aussenfassade des Tannegg-Schulhauses in Baden. Mit 3,5 mal 2,5 Metern ist es, was die Fläche betrifft, wohl ihr grösstes Werk. In der schattigen Situation unter dem Vordach, im groben grauen Verputz leuchtet da eine gebändigte Farberuption heraus, bunt, aber mit dominantem Rot, in lebhaft sich überschneidenden und verschlingenden Bahnen, die aus einer Spirale herauswachsen und sich nach oben verästeln oder zur Kreisform schliessen. Sind es die vier Elemente, sind es Baum, Feuer oder Wasserfall? Eher eine erst im Entstehen begriffene Welt, ein nicht weiter zu definierendes Farbereignis, das die Künstlerin «Entfaltung» nennt und in das sie – gleichsam als gegenständliche Pointe – eine freundlich staunende Eule setzt. Erst nachträglich bemerken wir auch noch den Fisch und die Schneckenspirale in Bodennähe, die das Ganze auch im wörtlichen Sinn erden. Insgesamt eine immer noch überzeugende, starke Arbeit!

246 Entfaltung, Glas-Mosaik, Tannegg-Schule Baden, 1971.

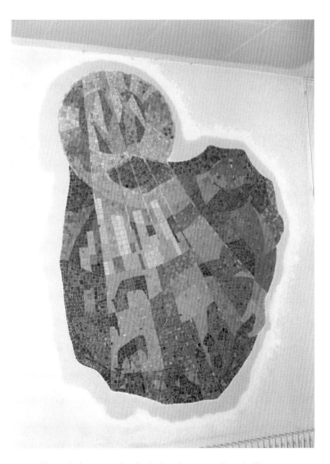

247 Allegorische Reusslandschaft, Glas-Mosaik, Schulhaus
Eggenwil, 1970

Wir haben Bilder aus den Regalen gezogen, Zeichnungs- und Aquarellmappen durchblättert, in Archivschachteln gestöbert, Fotos ausgelegt, Schriften und Zeitungsausschnitte gesichtet in dem eigenartigen Archiv von Edith Oppenheims Atelierhäuschen. Jetzt verräumen wir das Material wieder, binden die Mappen zu. Das Betrachten der einzelnen Bilder und Dokumente verschafft Sinnenfreude, Erkenntnisgewinn und Einblick in eine vergangene Zeit des regionalen Kunstschaffens. Aber erst die erinnernde Zusammenschau aller Facetten von Edith Oppenheims Schaffen ergibt – vom Mass des Gelingens im Einzelfall fast unabhängig – den Blick auf das staunenswerte Ganze dieses Lebenswerks.

Bildnachweis

Die Abbildungen stammen aus dem Nachlass Edith Oppenheim-Jonas, der Stiftung Walter und Rosa Jonas, dem Hug-Verlag AG und Orell Füssli Verlag/Globi Verlag.

Die Abbildungen im Text «Papa Moll im Comic-Kontext» von Urs Hangarter stammen aus: Blackbeard, Bill; Williams, Martin: The Smithsonian Collection of Newspaper Comics. Washington 1977.

Die Abbildungen 183, 190, 191, 192, 200 sind von Ruedi Fischli, Baden.

Autorinnen und Autoren

Waltraut Bellwald ist freischaffende Kultur-wissenschaftlerin. Studiert und promoviert hat sie an der Universität Zürich. Ihre Forschung zur Kinderbuchfigur Globi hat sie angeregt, sich auch mit Papa Moll und seinen Erziehungsprinzipien zu befassen. Sie lebt in Winterthur.

Uli Däster (1942), Dr. phil., studierte Germanis-tik, Altphilologie und Kunstgeschichte in Zürich und Wien. Bis 2005 war er Lehrer an der Aargau-ischen Kantonsschule Baden. Tätigkeit als Kunst-kritiker. Er lebt in Nussbaumen bei Baden.

Urs Hangartner (1958), Kulturjournalist und Ausstellungsmacher, gelegentlich Gastdozent an der Hochschule Luzern – Design & Kunst. Kurator der weltweit vertriebenen Pro-Helvetia-Ausstel-lung «Comic-Land Schweiz» (www.pro-helvetia. ch/expo/list_exp.html). Er lebt in Luzern.

Carol Nater (1978) ist Historikerin und frei-schaffende Ausstellungsmacherin. Projektleitung der Sonderausstellung «Frau Papa Moll. Leben und Werk von Edith Oppenheim-Jonas» im Historischen Museum Baden. Sie doktoriert an der Universität Freiburg/Schweiz mit einer Arbeit zu den aristokra-tischen Frauen im frühneuzeitlichen Rom. Sie lebt in Zürich.

Hannes Schmid (1939) Buchhändlerlehre, danach dreijähriges Schauspielstudium. Er war Dramaturg am Schauspielhaus Zürich und wäh-rend vieler Jahre Leiter der Kulturredaktion der «Aargauer Zeitung». Autor von Kinderbüchern. Er lebt in Villmergen.

Niccel Steinberger (1965) Studium der Inter-kulturellen Germanistik. Magisterarbeit 1993 über «Das Lachen und Weinen des Clowns». Sie ver-anstaltet seit 1995 Lachseminare und gründete mit ihrem Ehemann Emil Steinberger den Verlag «Edition E». Verschiedene Publikationen wie «ich bin fröhlich – Impulse für einen humorvollen All-tag» und «chmagdi – Gedichte und Schmelzwör-ter» sowie die Ausstellungen «Wochenblätter».

Luzia Stettler (1958) ist seit 1988 Redaktorin bei Schweizer Radio DRS 1 und kümmert sich heu-te primär um Literatur. In den 1990er-Jahren mo-derierte sie zudem am Schweizer Fernsehen das Frauenmagazin «Lipstick». Sie ist Mutter eines Sohnes und wohnt mit ihrer Familie bei Murten.

Klaus Streif (1940) nach diversen beruf-lichen Abstechern 34 Jahre lang als Redaktor tätig. Fasnächtler von Geburt an und als solcher 1980 mit dem «Dutti-Orden» ausgezeichnet. Enge Zu-sammenarbeit mit Edith Oppenheim-Jonas wäh-rend seiner Amtszeit als Brödlimeister der Spa-nischbrödlizunft Baden (1980–1990).